湛庐CHEERS

与最聪明的人共同进化

HERE COMES EVERYBODY

学习的升级
Rewiring Education

技术如何释放终身学习者的潜能
How Technology Can Unlock Every Student's Potential

[美] 约翰·库奇（John D. Couch）
[美] 贾森·汤（Jason Towne）　栗浩洋 著
徐烨华 译

浙江人民出版社
ZHEJIANG PEOPLE'S PUBLISHING HOUSE

朱永新

新教育实验发起人、中国教育学会家庭教育专业委员会理事长

人工智能给教育变革提供了一种新的可能性。有了更多技术加持的教育和学习，不会像今天这样单调枯燥，而会更加丰富、更加生动有趣。无论教育还是学习，目的都是让学生拥有幸福的人生和完整的生活。“学习的升级”是一场“大教育、大学习”，这是时代的声音，也是我们每个人的期盼。

徐迎庆

清华大学未来实验室主任、清华大学终身学习实验室主任、清华大学美术学院教授

与前辈们不同的是，数字原住民不仅是玩着电子游戏长大的，而且熟悉高科技的工具以及互联网，并且善于通过网络获取各种知识。如何利用当今的科学技术，通过对学习的升级去创造新的学习体验以更好地满足当今学生的需求？

针对上述挑战，《学习的升级》全面论述了为什么要对传统的学习模式和学习环境进行升级，以及如何将科技成果和新的教学理念与实践应用到加强积极主动的学习上。书中指出：当今教育所面临的最大问题，就是面对这些完全使用数字化语言的数字原住民，学校正在继续使用相对过时的、非数字化的语言去向他们传授知识。这种不对称的对话与沟通，无论是给教师还是给学生都带来很大程度的困惑。要对学习进行升级，就必须打破认知偏见，重新评估和看待潜能、激发学习动机，从学习的目的、场景、模式等方面全面改革，并通过技术的支持来释放每个人的天赋。教师要从知识的传递者变为学习的促进者，学生要从知识的被动使用者变为知识的主动创造者。这就意味着无论是教师、家长，还是所有与教育工作相关的人都要去思考应该如何激励、培养、发展、衡量和评估学生以及今天的学习。此外，《学习的升级》还详细阐述了如何把被动教育升级为主动学习、如何从一对多的老师课堂讲授升级为实践学习、如何从"项目制学习"升级为"挑战式学习"，并且详细介绍了未来学习的三要素"访问、建构、编程"，通过学习的创新和技术的革命，让每个人都成为终身学习者。

从这本书中，我们也可以从一个侧面了解苹果公司对未来教育的看法与思考。书中的观点和看法对我国教育的改革和学习的升级也有着积极的参考意义。本书值得每一位教师、家长、同学以及与教育相关的人员去认真阅读和深入思考。

梅初九

教育垂直媒体"芥末堆"创始人

教育重要，是因为它能带来无限可能，小至个体命运，大至人类发展。

库奇这本书想要阐述的是教育的重要底层——“学习”，在今天已然发生着的全球教育变革与科技浪潮背景下，“技术 + 教育”如何作为核心驱动力，以孩子为中心，如何重塑学习，缔造未来。

对家长来说，这本书能帮助他们认知与选择；对校长和老师来说，能帮助他们更好地落地与应用；对从业者来说，能帮助他们更好地设计与创造……总之，这是一本必读书，它适用于任何对教育或是学习感兴趣的人。

吴越

“新学说”创始人兼 CEO

当成人们今天大谈 AI 时代到来时，我们仍在从成人的视角看待并想象可能的问题与解决方案，甚至仍在想用一种标准的教育模式去框住数字原住民。这里我们忽视了数字原住民对生来所处数字环境的熟稔度、创造力以及他们更乐于接受的挑战式学习模式。本书将启发读者从数字原住民的角度思考未来孩子的学习。

李斌

蒲公英教育智库总裁、《新校长》杂志总编辑

在当前的技术环境下我们如何重构学习？本书是迄今为止最值得推荐的跨界观察。作者从激发每个人学习潜能的角度，展望学习内容、学习场景、学习方式、学习资源的转型升级和设计路径，以及技术进步在其中是如何放大这一效能的。这些是非常具有现实意义的内容。

萨尔曼·可汗

可汗学院创始人,《翻转课堂的可汗学院》作者

约翰·库奇一直是在线学习方面的先锋，他是最早真正了解课堂技术力量的人之一。

托德·罗斯

哈佛大学教授,《平均的终结》作者

《学习的升级》这本书架起了学术研究和实践之间的桥梁，并提出了一种将教育、学习和技术结合起来的教学法。约翰·库奇这位行业内部人士通过讲述自己的个人见闻，播下了“重塑教育”运动的种子，这不仅可以帮助我们释放学生的潜力，而且可以释放家长、教师和各级领导者的潜力！

马克·普伦斯基

美国著名教育家、“数字原住民”及“数字移民”概念的提出者和普及者

在利用计算机技术革新教育方面，约翰·库奇是一位真正的引领者，他的故事和经验对于那些关心教育和孩子的人来说非常重要。

西蒙·斯涅克

畅销书作者

对于家长、教师和学校管理者而言,《学习的升级》是一本可以帮助他们进一步理解如何改革 21 世界教育体系的实用指南。

测试题

1. “数字原住民”这一概念最早由哪一位企业家提出？（ ）

A. 史蒂夫 · 乔布斯　B. 比尔 · 盖茨　C. 约翰 · 库奇　D. 马克 · 普伦斯基

2. 以下哪些关键因素与动机和激励有关？（ ）

A. 选择　B. 务实　C. 刻意练习　D. 失败

3. 学习的过程涉及哪三个步骤？（ ）

A. 检索　B. 记忆　C. 理解　D. 应用

4. 以下哪个感觉不属于学习风格 VAK 理论中提到的三要素？（ ）

A. 视觉　B. 听觉　C. 动觉　D. 触觉

5. 多元智能理论的提出者是？（ ）

A. 霍华德 · 加德纳　B. 爱德华 · 桑代克　C. 托德 · 罗斯　D. 约翰 · 杜威

6. 教育未来学家戴维 · 索恩伯格提出的三种学习空间是？（ ）

A. 营火　B. 水源　C. 洞穴　D. 山顶

7. CBL 是哪种学习模式的缩写？（ ）

A. 项目制学习　B. 挑战式学习　C. 研究性学习　D. 综合实践式学习

8. 未来学习三要素包括？（ ）

A. 访问　B. 编程　C. 建构　D. 挑战

9. 在教育技术领域，常用的两个框架是？（ ）

A. TPACK　B. SWOT　C. ABCD　D. SAMR

10. 以下哪些技术会开启学习的未来（ ）

A. 人工智能　B. 物联网　C. 3D 打印　D. 移动技术

扫码下载“湛庐阅读”App，
搜索“学习的升级”，获取问题答案。

献　词

本书献给史蒂夫·乔布斯，是他促使我“换种思维方式”，让我能够发掘自己的潜力。

献给斯蒂夫·沃兹尼亚克和珍妮特·沃兹尼亚克，感谢他们多年以来的不断鼓励。

献给马可·托雷斯（Marco Torres），一位高瞻远瞩的为人师者，他激励着每一位有幸与他相识、相知的人。

献给我的苹果公司团队，这个团队里精于所长、专于所好的每一位教育者、程序员和教育宣传者，他们给了我无私的支持。

献给威廉·兰金博士（William Rankin），一位与众不同的高校教授，他是将移动设备应用到课堂教学中的第一人。他的想法和深刻见解贯穿了本书的始终。

献给马洛里·德温诺博士（Mallory Dwinal），一位在牛津大学和哈佛大学都获得了学位的罗德学者。德温诺放弃了她的学历原本能带给她的优渥生活，而选择为那些教育资源紧缺的孩子们建了一所学校。

献给全天下的教师们，尤其是苹果公司的杰出教育工作者们，他们深知每一个学生都拥有独一无二的天赋。

献给那些为孩子能充分发挥潜力而助力的家长们，他们深知孩子们的潜力远远超过我们的教育体系所能测验出来的水平。

最后，本书还要献给我亲爱的孩子们——克里斯、蒂芙尼、乔恩、乔丹，以及我的孙辈们，作为我的专属研究队，他们几十年如一日地向我提供第一手经验。

少了你们之中的任何一位，这本书可能都不会出版，感谢你们所做的一切。

推荐序 1

技术将真正改变教育的面貌

俞敏洪
新东方教育集团有限公司董事长

我一直认为，每个孩子都是独特的。在某一方面成绩差的“问题孩子”，换个角度看可能拥有极高的学习禀赋。但很遗憾，当今的教育却在剥夺这些孩子的学习机遇。

就像作者指出的，过去几十年，无论中国还是美国，基层的教育一直在强调标准化，包括教学形式、流程和速度等方面。这种模式当然有出于考虑成本和资源的无奈之处，但对孩子造成的伤害也极大，其中最大的伤害在于，它扼杀了每个人通过不同路径获得教育的权利。传统的教育模式虽然强调公平教育，结果却造成了很大的不公平。

对于绝大部分学生来说，学习是一件枯燥而辛苦的事情，能够发自内心热爱既有教学模式的，只能是少数产生了学习优越感的人。学生在课堂中一旦有跟不上的情况，那么在统一节奏的标准化课堂中一定步步都跟不上。成人也是如此，技术强的人会越来越用心钻研，技术越来越强，写作强的会越来越擅长写作，而自己没有优越感的方面则一定会越来越落后。学习是一个苦差事，尽管我们用尽办法让学习变得快乐，但是做不到因材施教，学习仍然是一个苦差事。随着科技的发展，这种困境有可能被颠覆。书中描述的人机结合的学习方法，能够实现因人而异的教学内容和速度，帮助学生补足短板。这也许是一种新的选择。

作者在书中提到的两个概念，“挑战式学习”以及孩子的“最近发展区”，也让我有共鸣。如果说传统的教学模式是项目制，那么创新的教学就是挑战式。拿我个人在北大读书学习英文的体验来说，作为农村孩子，在高中时我对自己的英文水平特别是口语是很自卑的，但幸运的是，我在北大的英文老师会不断纠正我的读音，纠正到第6遍甚至第8遍。这给我带来极大的挑战，也触动了一种羞耻感，那时会觉得自己如果还不能有进步，还不如死了算了。

要知道，在薄弱的地方投入足够多的时间和精力，每个学生都可以突破难关。我的最短板都能变成我的强项，小小的一个发音突破都可以给我带来阶段性的成就感，促使我成为一个优秀的英文老师。要知道，我们那个时候连录音机都没有。现在我们有理由相信，人工智能老师能陪伴有困难的孩子，并不厌其烦地挑战他的弱点，同时给予领先的学生富有挑战性的新任务和目标，通过交叉使用“最近发展区”和“挑战式学习”的原理，带着每一个孩子自信地成长。

据我所知，人工智能智适应的学习系统在美国已经比较成熟，可以针对性地找到不同学生的用户画像和知识结构，给予个性化教学，帮助他们将分数从 60 分变成 80 分、80 分变成 100 分。

技术将真正改变教育的面貌。这些年，新东方在教育领域的实践经验也与作者的理念吻合。新东方成立了人工智能研究院，像作者说的那样，用技术释放学生的潜能。在未来，机器教学会代替人的教学，特别是在知识点的教授上。随着技术的进步，老师对各种知识点和练习的讲解部分很可能会被人工智能替代。这是个循序渐进的过程。但我的直觉告诉我，说不定未来在中国能够全面实现人工智能教学，而且它们会比包括我在内的优秀老师讲得还好。

近年来我也注意到一些技术改进教学的亮点理念，比如“千人千面”和“智适应教育”。在现有的教育模式下，学生往往不知道自己的学习出了什么问题，为什么总是犯错，为什么没有提升。教育就像一个黑盒子，没有人知道里面的问题是什么，而智适应学习系统可以帮助学生做清晰的诊断，发现在万千的知识点中到底哪里出了问题，然后对症下药，给他配置适应的内容，让他解决自己的弱点。而且，智适应学习系统还能帮学生减负，节约大量时间。因为原来在已经学会的知识点上重复讲解和重复刷题造成了很多无效时间。

我相信科技的力量，AI 系统一定会使学习变得更加轻松，让孩子轻松地解决他所面对的学习难题，提升学习能力，获得高分，从而享受两者同时满足的那种成就感。

古语说，学海无涯苦作舟。学习貌似是件很苦的事情，但未来的趋势一定是教育向快乐的方向进化，每个孩子都有极大的学习潜能需要被激发。除了父母和老师的鼓励外，AI 技术未来能够改造千人一面的标准化教学模式，实现学习者的个性解放。

这是巨大的机会，也是时代的召唤

樊登
樊登读书会创始人

“重塑教育意味着直面当今教育领域的最大挑战：如何利用对学习的研究成果和当前的技术手段，去创造个性化学习体验，以更好地满足当今学生的需求。”

《学习的升级》认为，技术能够帮助学习者实现个性化的学习体验。读书同样需要升级，我们需要为读者提供更具个性化的阅读体验，以更高效的互动方式帮助他们完成知识摄取。

在信息爆炸的年代，面对浩如烟海的文本，如果 AI 智适应技术能够将在教育领域的神奇魔法运用到阅读领域，掌握每个读者的画像，也就是他的长板和短板、在每个领域的知识深度以及阅读偏好，然后根据知识库高效地匹配出“智适应”的书单，我相信这能够激发出每个人阅读的成就感和兴趣。

如果我们要求每一个读者都必须读同样的书，读每本书都必须按照同样的速度的话，我想，要么读者们被逼疯，要么大家从此都不再爱读书。然而我们忽略的是，现在的教育就是让所有人按照同样的速度学习同样的内容，而我们是看不到这种状况对孩子的伤害的。所以，学习确实需要通过技术来升级了！

在教育实践中，同样的学习课题，也应该根据每个学习者的禀赋不同而进行个性化调整，打破标准化的框架。比如，教材能否实现个性化，根据每个人的既有知识储备、认知能力和学习习惯去打造学习文本，同时考虑到学习者速度有别。在传统课堂上，老师讲解知识的模式都是非常标准化的。对于部分学习能力特别强的孩子来说，很多知识点过于简单，很容易掌握，他们难免会感到枯燥，甚至对学习失去兴趣。在标准化的教学模式里，很多禀赋优异的学习者，就这样被忽视和耽误了。

读书和教育一样，都应该强调激发学习主体的主动性，而发挥主动性的关键又在于激发人们对探索未知的内在兴趣和激情，让学习者或读者获得真实且实时的成就感。成就感的来源是看了一本自己可以消化理解的书，从而获得了知识和价值。对于学生来说也是如此，优秀的学生一定要找到有挑战性的问题才会有兴趣研究。突破挑战能够带给他们无可替代的成就感和自我实现感，并进一步激发他们钻研知识点的兴趣。而落后的学生需要简单的知识才能够消化吸收，一旦发现问题没有那么复杂，他们自己就可以学会并掌握，那他们的学习主动性会被慢慢激发。就像一本艰涩的书，需要掰开、揉碎后来学习一样，当知识点被分拆成微小的颗粒，每个人都更容易消化吸收。

作者在书中还提到了“最近发展区”的概念，这与当下国内智适应教育实践不谋而合。通过人工智能算法结合知识空间理论找到每个学生的最近发展区，也就是他的能力边界，既不用浪费时间在已经学会的知识上，也不会给学生过难的知识导致其受挫和绝望。找到每个人最容易消化、吸收且最有信心能够掌握的知识，这将极大地改善教学效果。同理，如果智适应技术能够应用到阅读领域，根据每个人的知识结构找到最接近其最近发展区的书，相信每个人都会更加享受阅读。

《学习的升级》的作者也提到了科技的力量是如何重塑知识传输的。人类教育事业的进步，关键在于知识传播效率的提升。从印刷术到电报、广播、电视、互联网，再到如今的大数据、自适应和人工智能，每一次技术的跃迁都会带来知识传播的飞跃式提升。这带来了深远的影响，让每个人都可以跟另一个人高效地进行语言交流、知识交流，能够快速地扩散知识和观点，而整个社会的运转效率也因此大幅提升。

试想，在传统的读书组织中，可能只有有限的教师资源，只能在固定的时间和空间里开展读书沙龙，受众的扩展也非常缓慢；现在，借助丰富的互联网技术手段，比如直播、线上线下结合等交互模式，知识的传播效率将大大提升。如今，一本书的受众可以实现几何级数增长，一个读书俱乐部获得百万级的活跃用户也不是没有可能。

汽车、飞机、高铁的相继出现将出行的效率提升了百倍，微信则颠覆了通讯的既有模式。我们坚信，人工智能的运用和智适应教育的推广可以将教育的效率提升十倍、百倍，甚至更多。那些率先尝试技术的弄潮儿，会享受最大的先行者红利，对于所有的教育和学习产业实践者来说，这是一个巨大的机会，也是时代的召唤。

从苹果公司第 54 位员工到教育副总裁的探索之路

斯蒂夫·沃兹尼亚克
苹果联合创始人

在教授五年级学生技术课程后，我目睹了在整个学习过程中，由技术带来的兴奋感和参与感。但是在我认识的人中，没多少人比我的旧友和同事——约翰·库奇能更深刻地理解这种现象。1978 年，我初识约翰，那时他刚刚被乔布斯聘用为苹果公司第 54 名员工。约翰当时被任命为公司的第一任新产品总监，很快就晋升为软件部门副总裁，并带领团队开发了图形用户界面。

在那时，约翰就有能将复杂想法化繁为简并娓娓道来的能力；而如今，没有多少领域比教育领域更需要简化和改进。在我的印象里，约翰总是对教育满怀激情。我仍然记得他在加州大学伯克利分校和加州大学教学时经常讲述的精彩故事，也记得他在圣地亚哥花了 10 年重建一所基础教育学校的经历。当乔布斯重新回到苹果公司后不久，约翰也以公司有史以来第一位教育副总裁的身份回到公司，这个消息对我来说毫不意外。苹果公司一直致力于使被动传统的教育向积极创新的方向转型，而从那时起，约翰就是这整个事业中不可或缺的一分子。

读者大可以将本书看作是对约翰一直以来全部经历的深度解读，从某种意义上说，这同样也是苹果公司的经历。本书将带读者感受乔布斯对教育的热情，再到数字原住民的脑中、心中去探个究竟，然后引出一个新的学习模式框架，这个模式可能会淘汰如今的海绵吸取式和死记硬背式学习。约翰从一线教师的个人逸事和经历中，探索着新的学习和教学方式。最后，他向读者简单介绍了未来技术。通过这些技术，我们将有机会开创一个真正个性化的学习环境。在这个环境里，每个学生都可以释放他们的潜力、改变世界。我相信，每一位家长、教师、校长、政治家、活动家、革新者和领导者，不论你是何种职位，只要你在负责教学、学习、培训相关的事情或者是对这些抱有极大的热情，都将从本书中受益良多。

让技术解锁学习的未来

我成长于 20 世纪 50 年代，那时学校的课程完全侧重于记忆。我们的学习缺乏关联性、创造性、合作性和挑战性，只是简单地对信息进行海绵式吸收，这只需要短期记忆的参与就行。学习的知识非此即彼，同样，我们要么记住了这些材料，要么没有。所有人都认为，我们接受的一波又一波看似无休止的标准化测试，能测出我们的“智力”如何。在这个过程中，师长还会判断我们的能力，给我们贴上标签，将我们分为优等生或劣等生，并试图预测我们的未来。

如今，我发言时经常会提到美国陆军那句激励人心的征募标语——“尽你所能”，这句话也曾被用于鼓励我们去创造无限可能。一流的教育体系应该有着和它相同的标语，这个教育体系应该让人们感到，只要你下定决心，就没有做不到的事情，就没有克服不了的困难。但是对于我们这些坐在课桌前、盯着“无所不能”的考卷的人来说，许多人的情况并非如此。人们警告我们说，这些考试意味着一切，意味着老师、家人、朋友和未来雇主将如何看待我们。当时，看着许多同学都在为那些考试而奋战，我就知道，教育体系本身存在着弊端。考试成绩的高低让我们中的许多人认为，我们或许已经抵达自己所能创造的极限。

我一直认为自己是个好学生。父母每晚都会给我读书，培养我对学习和探索的热爱。我很早就开始阅读，在入学时已经做好了充分的准备。我非常喜欢低年级时段，因为我们在那个时段更关注探索新事物、试图了解世间万物如何运作。当然，我们仍然需要学习算术和拼写等基础知识，但就算是这些课程，学起来也很有趣，因为老师总让我们在玩乐中就把知识给记住了。我当时想，如果这就是学校生活的话，我会超级喜欢的！然后，我进了中学，一切都变了。

突然间，学校不再令人觉得有趣，而更像是工作。就好像我们与生俱来的创造力，单纯的孩子所具有的创造力，不再受到重视，反而是个累赘。在小学，我们是一群年幼、充满活力的“淘气包”；上了中学，人们就要求我们不再淘气，而是要适应去做乖学生。要求取代了探索，竞争取代了合作，死记硬背取代了探索发现。之前因与众不同所受到的表扬，如今只有在获得好成绩时才会得到。

在小学时我们不循规蹈矩，会被认为是有创造性，但当我们在中学还这么做时，就会被认为是行为出格。学习不再让人觉得有意义，反而让人觉得无聊，这种感觉开始在我的学习中初现端倪。我知道自己需要适应，所以我很快就掌握了这个我称作是“教育游戏”的技巧。在这个游戏里，学生需要不断地获得绩点、分数，然后升级（年级），最后要么获胜（毕业），要么失败（辍学）。

在这个教育游戏里，我扮演的角色是“记忆工作者”。尽管这并非我的强项，但对我来说也不是特别费劲，而且这似乎是赢得比赛的唯一方式。我能记住的信息越多，成绩就越好，也就越受到成年人的尊重和赞赏。我也意识到我的一些朋友并不擅长这个游戏。这简直让我难以理解，因为我知道他们都是些聪明、有创造力的孩子，在小学时曾和我一同常受嘉奖、自由成长。这到底是怎么回事？中学的课本和练习册上的内容对我来说似乎很简单，那些如此聪明的孩子怎会搞不定？这看起来简直就像是教育游戏所需要的技能正是他们的弱项似的。

在我高中毕业时，一位同学在我的毕业留言册中写道：“现在，亚里士多德和沙发意义相同了。别忘了那些问题！”这本是一句称赞的话，但回过头来看，它恰好抓住了目前美国教育体系的主要弱点：专注于学习思考什么内容，而不是怎样去思考。

在初中和高中，教育游戏的规则是：上课做笔记、阅读文章内容、回答问题、记住知识点、答完考卷。然后，学校根据分数奖励给我们全美荣誉协会的成员资格、大学录取通知书和奖学金等。毕业的时候，我已经把游戏规则全都弄得一清二楚——我天真地这么以为。

我本科在加州大学河滨分校就读，那时，为了应付考试，我经常在考前临时抱佛脚抢记知识点。对于大学一年级和二年级的基础课程，这种高中学习的游戏规则似乎同样适用。但在大学三年级的时候，我的一个物理学课程突然改变了游戏规则，期末考试只有一个开放式问题："描述自由空间中旋转陀螺的运动轨迹。"这个挑战简直令人生畏，因为这门课的教授从未在课堂上讲解过这个问题，教科书也没有涉及。当看到这个问题时，我可以听到整个考场的同学发出困惑、沮丧和恐慌的声音。其中一个同学甚至想都没想就直接放弃了考试，将教科书扔到垃圾桶里，然后走出了考场。整个考场一片沸腾，大家都在为这个同学鼓掌欢呼。但是我没有鼓掌，因为我仍在盯着考卷，呆若木鸡。我完全不知道该怎样作答。如果没有可以背下来的标准答案，我的大脑就一片空白。

这个考题让我的整个人生轨迹发生了改变。我意识到，试图通过死记硬背完成大学的学业，甚至在今后的人生中都只会用这个技能是行不通的。我意识到教育不是为了让我们死记硬背，而是去学习如何思考，但我所读的书中，没有任何一本教会我这个技能。我使用的技能确实能帮助我取得暂时性胜利，但这个技能并不适用于接下来的新游戏规则，更不会适用于人生，而学校原本就应该让我们做好应有的准备去迎接人生。

大学三年级后期，我选修了一门园艺学课程。在转变我对学习的理解上，这门课程和那次考试一样令人印象深刻，在改变我的职业目标上更是如此。我选修这门课程的初衷，是因为园艺系是少数拥有 IBM 计算机和提供计算机编程课程的院系之一。编程、没有唯一正确答案这些事实都让我感到无比着迷。要想通过这门课程，就像那次关于旋转陀螺的物理考试一样，不能只靠死记硬背。要想通过考试，需要我们具备逻辑和可视化思维——引发思考和发现的思维类型。我的一些同学觉得这门课又难又令人沮丧，但我认为它极具吸引力和挑战。更重要的是，这门课程让我懂得一个道理：想要能学以致用，学习就必须建立在解决问题的基础上。

正是在这门园艺课程中，我爱上了计算机，以及它看似无限的潜力。我下定决心，无论今后何去何从，都要让计算机在我的生命中发挥重要作用。但是，由于加州大学河滨分校没有设立计算机学科本科专业，所以我需要转入另一所大学。虽然有一句非洲谚语说“不要用双脚测试水深”，但我仍想奋不顾身双脚跳入我刚刚找到的兴趣之河里！我开始寻找设立计算机学科本科的其他分校，然后找到了加州大学伯克利分校。在那里，我取得了计算机学士学位和硕士学位，并继续攻读博士学位。

学习计算机让我感到痴迷。每当我坐在计算机前面，就会感到强大而自信，一切尽在掌握之中，就像突然从某种囚禁中获得解脱一样。我觉得自己拥有无限可能，我能够再次“尽我所能”。这给人的感觉好像某扇门已经神奇地打开了，里面是一个我之前根本不知道其存在的新奇世界。我就像刚掉进兔子洞的爱丽丝。

1972 年，我接受了惠普公司的工作，惠普是全球数一数二且备受人们尊敬的科技公司。同时，我也觉得自己做的工作比较重要。几年之后，我接到一个朋友的电话，他给我介绍了一家小公司，并说公司的创始人极富远见卓识——这家小公司改变了我的整个人生轨迹。

“我想引荐你认识一下乔布斯。”他说。

“谁？”我问。

“他是苹果公司的创始人。”

我接到这通电话是在 1978 年一个晴朗的夏日，给我打电话的是我的前任主管汤姆 · 惠特尼博士（Tom Whitney），他从惠普离职，刚升任一家即将成立的科技初创公司——苹果公司的工程部副总裁。当时我在惠普担任程序员和软件经理已经5年了，但从来没有听说过苹果公司，也不知道汤姆邀请我到他在洛斯阿尔托斯的家里去见苹果公司创始人有何用意。

“行吧，”我告诉汤姆，“我到时候去一下。”当然，我挂电话的时候根本不可能意识到，我很快就将踏上一段非凡的征程，并将改变我的人生，带我驶向我想都未曾想过的风景。

第一次与史蒂夫·乔布斯见面令我印象非常深刻。他有点儿古怪，对于未来的想象，他比我见过的任何人都更有激情。乔布斯谈到一些还不存在的事物，就好像那些事物毋庸置疑迟早会出现一样。他大谈特谈所谓的个人计算机，将它视为让一切成为可能的发明。我一直在和大大小小的计算机打交道，但还是不太确定计算机将怎样使这一切成为可能，但乔布斯说的确实令人心潮澎湃！

就在那次见面中，我了解到乔布斯的专长在于硬件，因此他正在寻找一个具有专业软件知识的人，于是朋友向他推荐了我。他给我看一篇《科学美国人》（*Scientific American*）杂志上的研究报告，该报告探讨了哪种动物能使用最少的能量完成指定距离的移动。“秃鹫第一，”乔布斯说，“人类排名很低，大概在整份名单倒数1/3的位置！”接着他又来了个大逆转：“人类骑自行车再跟动物们较量一次，相同的距离下，如果人类骑车，你猜结果会如何？”说着说着，乔布斯越来越兴奋。“骑着自行车的人完胜秃鹫！”他说，“这正是个人计算机能做到的——脑力自行车。这是历史上最非凡的工具。”

乔布斯将技术看作“人类智力的放大器”，就像自行车能放大人的体能一样。它不仅能让我们更快更高效地到达已知领域，还能让我们超越已知，以前所未有的方式去发现、创造和革新。作为 20 世纪 60 年代的研究生，我目睹了发生在街头、伯克利人民公园以及海湾周边地区发生的社会革命，但乔布斯认为，能够真正赋予人民权利的将是技术革命。

在第一次见面后不久，乔布斯邀请我来库比蒂诺班德利 1 号的苹果公司办公室，在那里，他向我抛出橄榄枝。我有点举棋不定。在惠普，我们正在研发售价 25 万美元的大型计算机，而苹果公司做的是售价 2 500 美元的小型个人计算机，而且苹果公司的薪水限制在 4 万美元以内，因为乔布斯希望来工作的都是和他一起打造梦想的人，而不是将加入苹果公司视为发财机会的人。尽管苹果公司给出的薪水比惠普少很多，但我不得不承认，这个个人计算机的新世界很吸引人。

我对乔布斯说，我会考虑他的工作邀请，然后回到了我在惠普的办公室。但没过多久，我就看到了他有多坚持。那个星期五晚上，门铃响起时，我和家人都在家。我打开门一看，乔布斯满脸微笑地站在门前，手里拿着一个盒子。“你好，约翰，”他说，“准备好改变世界了吗？”

乔布斯刚进屋，就打开盒子，将一台 Apple II 放在餐桌上，推到我 3 岁的儿子克里斯的面前。随后，乔布斯向克里斯展示了那台计算机如何运行，克里斯立即全身心地沉浸其中。“你知道吗，克里斯，”乔布斯对他说，“如果你爸爸为我工作，这台计算机就是你的了。”我只能笑而不语。

乔布斯和我继续聊着技术和计算机的潜力，聊他对未来的看法。到乔布斯离开时，我也开始相信，计算机科技似乎拥有无限潜力。但是对我影响最大的事情，是在周末看到克里斯完全沉浸于 Apple II 时。我儿子简直黏在了那台个人计算机上，完全忘了看电视，而是在计算机上探索创造。我之前都不知道一个 3 岁的孩子能做到这些。最重要的是，他在十分开心地学习，不是在老师或父母的要求下学习，而是因为他自己想要去学。儿子脸上兴奋的神色，让我看到了乔布斯对未来的展望。

我告诉克里斯，不要太过依恋这台计算机，因为当时我还在犹豫要不要接受这份工作，如果我不接受，就得将计算机还回去。"这很简单，爸爸，"克里斯对我说，"你答应就好啦。"接下来那周，我离开了惠普，成为苹果公司的第 54 名员工，直接与乔布斯一起工作。

在接下来的几十年中，我有幸能够近距离观察以计算机为基础的技术是如何一步步成为全世界孩子生活中的一部分的。至于克里斯，他再也没离开计算机技术。到高中时，克里斯已经是一个能设计、能编程的软件专家了。在加利福尼亚高中历史博览会上，他开发的数字交互演示系统让评委们惊叹不已。后来克里斯毕业于宾夕法尼亚大学计算机专业，他的第一份工作是加入一个设计团队，eBay 网站就是他们设计的。简而言之，我的儿子成了新一代"数字原住民"的第一批人，他们不仅将技术视为工具，还将其视为探索之地。

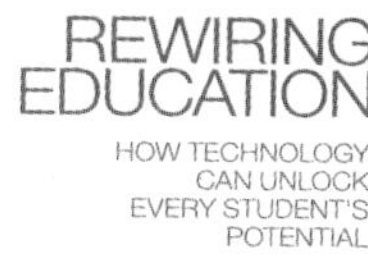

目录

推荐序 1 _ 技术将真正改变教育的面貌 _ IX

推荐序 2 _ 这是巨大的机会，也是时代的召唤 _ XII

推荐序 3 _ 从苹果公司第 54 位员工到教育副总裁的探索之路 _ XV

自序 _ 让技术解锁学习的未来 _ XVII

引言 **当 下** | 我们为什么要进行学习的升级 _ 001

数字原住民，需要与众不同的学习方式 _ 002
爱迪生科教片，非互动的学习是失败的 _ 003
修复和替换，两种无效的变革思路 _ 005
从被动的教育模式向主动的学习模式升级 _ 007

第一部分
PART 1
由内而外地重塑学习

01 **系 统** | 设计个性化的学习体验 _ 011

远去的个性化学习黄金时代 _ 012
泰勒模式导致标准化出现 _ 013
不能改变系统，只能改变人 _ 017

02 潜 能 | 相信每个人都能成就非凡 _ 019

不要主观臆断，“学困生”非你所想 _ 020
对孩子的期望应该是相对的 _ 024
先天与后天之争，各有道理 _ 028

03 动 机 | 找到最佳效应点 _ 031

获得成功最重要的因素是动机 _ 032
内在动机优于外在动机 _ 035
把握四个关键要素激发内在动机 _ 037

技术解锁教育 _ 从千人一面，到千人千面 _ 048

第二部分
PART 2
更新学习的操作系统

04 目 的 | 从被动教育到主动学习 _ 065

学习的三重定义 _ 066
让孩子的大脑自由 _ 070
锁定学习风格，提升学习效率 _ 073
协作学习，同伴互助解决问题 _ 077

05 场 景 | 从一对多的学习到实践学习 _ 081

营火：一对多学习模式 _ 083
水源：多对多学习模式 _ 084

洞穴：一对一学习模式 _ 086
山顶：在实践中学习模式 _ 088

06 模 式 | 从项目制学习到挑战式学习 _ 093

让学习更像真人秀 _ 094
孩子不能等，向每所学校捐赠一台计算机 _ 099
明日苹果教室，用技术改变整个学习过程 _ 100
项目制学习与挑战式学习的三个差异 _ 103
挑战式学习框架的三阶段 _ 106
健康无国界，挑战学习的非凡成就 _ 110

技术解锁教育 _ 用 AI 让关键能力可测量与可传授 _ 114

第三部分 PART 3
未来学习三要素

07 访 问 | 学会赢得机会 _ 125

车轮上的 Wi-Fi，让每个孩子接触到互联网 _ 126
“连接教育计划”，提供技术的同时提供培训 _ 128
慕课与可汗学院，交互式的在线课程让人受益 _ 132
苹果营，任何地方都是学习的场所 _ 134
保障孩子获得技术之外的必需品 _ 136

08 建构 | 学会动手实践 _ 141

马斯克的星际探索学校 _ 142

创客运动与创客文化 _ 143

游戏里的开放世界 _ 147

09 编程 | 掌握 21 世纪的外语 _ 153

12 岁的 TED 演讲人 _ 154

为什么每个人都要学习编程 _ 155

方兴未艾的编程运动 _ 157

学校中的编程教学 _ 162

技术解锁教育 _ 智适应，为学习效率带来 10 倍提升 _ 166

第四部分 PART 4

技术助力学习的升级

10 变革 | 成为学习的创造者 _ 185

为每个学生配备一名“教师” _ 186

教师的角色转变：为知识提供背景 _ 194

最重要的教学技巧：提高学习的关联性 _ 197

技术的目的是助力教师 _ 200

11 颠 覆 | 为教育带来无限可能 _ 203

两个重要的技术框架 _ 204
苹果杰出教育工作者 _ 209
将技术产品带回家 _ 210
科技成果的惊鸿一瞥 _ 213

12 缔 造 | 九大技术开启学习的未来 _ 217

人工智能 _ 218
自适应学习 _ 219
智能助理 _ 221
物联网 _ 223
移动技术 _ 224
3D 打印 _ 226
交互式书籍 _ 227
增强现实技术 _ 231
全息图 _ 236

技术解锁教育 _ AI+ 教育，培养面向未来的人才 _ 239

结语 _ 技术 | 让每个人成为终身学习者 _ 259

引言

当　下

我们为什么要进行学习的升级

如果我们用过去的方法教育现在的学生，
就是在剥夺他们的未来。

—约翰 · 杜威

数字原住民，需要与众不同的学习方式

“数字原住民”一词由企业家兼作家马克·普林斯基（Marc Prensky）首创，他在2001年发表的一篇文章中提到该词，用来指代1979年以后出生的人。数字原住民描述的是在数字世界中成长起来的第一代人，他们从小就开始接触个人计算机、电子游戏、平板电脑以及手机。例如，如今的高中生都是在谷歌公司成立后出生的，他们连没有互联网的世界是什么样子的都不知道。他们可能从来没有使用过图书馆的卡片目录（甚至是借书卡），而是使用即时网络资源来寻找答案，如搜索引擎、维基百科或YouTube。2007年推出第一代iPhone时，现在的毕业生当年还是小学生；如今，七年级中80%的学生都拥有自己的手机，他们可以接触到大量内容与应用程序。这一变化的重要性不仅在于各种设备的功能，更在于这些设备构建的虚拟平台和生态系统。有些人称如今成长起来的数字原住民是“应用程序的一代人”。我经常听到成年人将现代技术称为“工具”，但数字原住民只将其视为环境的一部分，与我们这一代人看待“电”没有什么不同。我小

的时候也不会将“电”视为一种工具，而是认为电就是生活环境的一部分。

正因为如此，普林斯基说：“数字原住民会以和我们完全不同的方式去思考和处理信息。”事实是，如今孩子们能从某个手机应用程序中发现和学习的东西，比从任何教科书中学到的东西都更多。**“教育面临的最大问题之一，”**普林斯基说，“就是**老师们都在使用一种过时的、非数字时代的语言，试图去教一代几乎完全使用数字化语言的人。”目前的教育系统不适合当今的孩子，不适合当今的世界，也不适合当今社会的需求。**

爱迪生科教片，非互动的学习是失败的

如今，我们生活在一个技术极速革新的世界里，似乎每天都有某个不知从哪儿冒出来的新创业公司，搬出一项新发明，从而改变我们的生活。蓬勃的创造力和先进的技术，使得这些来自世界各地的创新者打破现状、改良低效的设计、升级过时的系统、重塑各个行业，但只有一个行业例外：教育。一整个世纪以来，美国教育体系没有发生任何革命性的变化。即使一些在学校和课堂层面上的革新试点反响不错，也几乎没有任何教育改革能大面积推广开来。

以前有位雄心勃勃的发明家，他已经拥有几项成功的发明，然后他把注意力转向了教育改革。和多数人一样，那位发明家发现教科书和上课都很无聊，并相信肯定有更好的方式来教孩子。他意识到我们的教育体系陈旧落伍，需要重塑。随后，他使用当时最先进的技术发明了一种全新的教学方式。这位发明人很喜欢他发明的教学方式，媒体也对其赞赏有加，宣

称其将给教育带来革命性的变化，无聊的教科书将成为过去式。所有学生如今都将平等地学习，而我们的传统教室、一排排课桌、上下课铃声，以及讲台前站着某位老师讲课的方式，很快都将永远消失。这项发明被称为“科教片”，由托马斯·爱迪生于 1911 年首创。

一个多世纪过去了，爱迪生发明的教学方式明显没怎么奏效，因为学校和教室依旧没有太多变化。这是为什么呢？爱迪生在 1877 年发明了留声机，在 1879 年发明了电灯泡，在 1891 年又发明了活动电影放映机，他以种种发明成功地改变了这个世界，却无法在教育上取得任何进展。如果史上最伟大的发明家都无法克服教育改革过程中的障碍，那如今我们有多大希望能够克服它们呢？究竟是什么发生了改变？

让我们先研究一下爱迪生的“科教片”教学方式出了什么问题，这样或许会有所帮助。事实上，一群知识分子早就预料到这项发明会失败，其中最著名的是一位名叫约翰·杜威的心理学家，他认为这种教学方式很新奇，但并不实用。他知道，孩子们的最佳学习方式是互动式学习，他们需要实实在在地参与其中。杜威认为，坐着观看影片里播放的内容与坐在课堂上听老师讲课并没有什么不同。**真正的学习是一个需要积极参与的、社会性的互动过程，而不是被动观察。**

自爱迪生尝试失败以来，成百上千的梦想家、创新者和教育改革者跟随他的步伐，试图推出各自的创新教育方式，使其成为新的主流模式。像爱迪生一样，无一例外，每个人都失败了。原因何在？杜威说得没错：将无聊的教学内容从一种媒介转移到另一种媒介并不会让它变得生动有趣，也不会对学习有任何改善。除非技术能整合已有的学习方法，能使老师们以更好的方式传授学习之道，否则就教育改革而言，技术即便拥有再大的潜力也注定会失败。要想让未来的教育拥有我们理想的模式和规模，就必须将技术和学习整合起来。令人欣慰的是，现有的和新兴的创新模式确实开始将两者结合起来，未来看起来一片光明，就像灯泡——爱迪生这项真正改变了游戏规则的发明。但想要行得通，还需要做出改变。

如今，我在苹果公司担任教育副总裁已有很多年，也已经有 4 个子女、15 个孙辈，因此，我有幸亲身观察到技术和创新是如何使教学和学习发挥其非凡效力的。我去过世界上的许多地方，亲眼看到过最好的和最差的教育体系。我已经从事教育和科技工作 50 多年，见证了政府、地区、学校、教师、企业家和家长们尝试利用各种方式来改善教育体系。这些变革大概分为两种形式：一种是改善现有教育体系的某些部分；另一种是完全替换成另外一套教育体系。而这两种形式都不太可能带来我们所需要的改变。

修复和替换，两种无效的变革思路

改善教育体系最常用的方式是短期修复策略，例如爱迪生的科教片。这种形式通常针对教育的某个特定方面，比如科教片就是为了使学习变得更加生动有趣。如今，被称为“解释者”（explainers）的教育视频成功地解决了这个问题。“解释者”通常选取比较枯燥的材料，把它们变成类似于纪录片的动画，一下子就让材料变得有趣起来。虽然这些视频生动有趣、内容丰富，但它们已经存在了数十年（记得动漫教学片《校舍摇滚》[*Schoolhouse Rock*] 吗？），却仍没能在应该如何提供学校教育方面提供实质性的帮助。

我会将那些亟待解决的具体教育问题视为计算机领域的“错误”。计算机程序错误源自代码缺陷，会导致系统出现故障。为了修正这些程序错误，程序员可以重新编写整个程序，但这种方式效率很低。因此，他们开发了“补丁”，旨在快速修复问题。

这种现象同样发生在教育领域。采用快速安装“补丁”去修复教育系统的“错误”，比起重塑整个教育系统而言要容易得多：只需要多做些试验、减少班级人数，并采用新的课程框架。毫无疑问，快速修正“错误”并不一定是坏事。如果你流鼻血了，那么纸巾肯定能帮助止血，尽管它不能解决导致出血的主要问题。所以说，虽然给教育系统打“补丁”并非全然无用，但它作用有限，而且这些修复工作往往只是很小的修复方案，难以扩展。“补丁”都太小了，根本无法解决教育领域的根源性问题，尤其无法解决如今数字原住民面临的教育问题。

另一种常见的改革方式则走向了另一个极端，这种改革方式认为我们的整个公共教育系统已然千疮百孔，只有完全换成其他模式才行，比如私立学校、政府特许学校或在线学校等。在技术领域，这等于废弃整个计算机系统，然后建一个新的——当然，还得忽略新系统可能几年之内同样会过时。事实上，有一种颇为流行的想法，即所谓的摩尔定律。摩尔定律指出，技术变革的速度非常快，新计算机的处理速度每 18 个月就会翻倍！而且不仅仅是处理速度，事实上，所有技术都在以指数级速度革新。有多少次，你终于拥有了新款的智能手机、平板电脑或是其他无线设备，一年之后就又完全换成一款全新的？试图紧跟最新的技术革新很困难，而且很昂贵。

教育也是如此。几乎每年我都会听到某位教育改革家说我们需要抛弃整个教育体系，从头开始。私立学校、政府特许学校和在线学校备受推崇，被认为是更好的教育体系。虽然一些教育模式有取得成绩，但事实上，它们往往与其试图取代的旧体系一样，都是静态的，而且和新技术一样既复杂又昂贵，还不能保证它们是真的更好，而不仅仅是不同。

世界在不断变化，因此，对教育体系查漏补缺，或是完全换成另一个类似的静态体系，都不可行。社会在变、领导阶层在变、技术在变、家庭在变、孩子们在变，人们的期望也在变。在某种程度上，这算是“摩尔教育定律”：技术发展的步伐加快，导致新一代的学生成长于与上一代不同的世界里，他们有着自己特殊的需求。我们唯一的解决方案，就是与他们一起学习、适应和改变。

从被动的教育模式向主动的学习模式升级

和计算机一样，教育也需要一个能够满足当代人需求的系统。就现今的状况而言，需要满足的是数字原住民的需求。此外还需要能力卓越、眼光敏锐的领导者来确保系统的整个设计、推行和落实都能与时俱进。到目前为止，情况并非如此。大部分的教育体系已经过时，并且与社会脱节。教育体系的使用者（学生和教师）完全依赖于该体系，但这种体系一直以来单是满足使用者的需求就已经很吃力。修复体系（打“补丁”）或用新体系取而代之（从头开始）都不可取。**教育体系真正需要的是重新布线，升级教育操作系统，以便更好地将学生、教师、家长和社会连接起来。**如此一来，学校就能成为培养创造力和创新思维的沃土。只有通过对教育体系进行重新布线，即从被动的教育模式转向积极的学习模式，我们才能在变化出现时及时去适应，而不用担心所使用的更新使整个系统短路瘫痪。

重塑教育意味着直面当今教育领域的最大挑战：如何利用对学习的研究成果和当前的技术手段，去创造个性化学习体验，以更好地满足当今学生的需求。这就要求我们以另一种方式去思考我们应如何激励、培养、发展、衡量和评估孩子以及老师。这意味着去理解和释放孩子的无限潜力，让他们去学习，去创造成功。

我总是对教育体系的要求苛刻了些，因为我爱它——至少我爱它所拥有的潜力。事实上，我认为教育体系对一部分孩子来说，确实是世界上最好的体系，但我希望它能适合所有孩子。而当年我需要适应的教育游戏如今依然存在，这也是导致许多不平等的根源所在。一切都能变得更好，我们所爱的东西也不例外。然而有趣的是，教育体系中阻碍我们改进的障碍，并非偶然存在，而是我们自己设计、亲手置入的。

给学习者的启示

1. 教育面临的最大问题：教师在使用一种过时的、非数字时代的语言，试图去教一代几乎完全使用数字化语言的人。

2. 重塑教育的最大挑战：如何利用对学习的研究成果和当前的技术手段，去创造个性化学习体验，以更好地满足当今学生的需求。

PART 1

第一部分

由内而外地重塑学习

我想，即便每所学校都只有一台计算机，有些孩子仍会找到这台计算机，从而改变他们的整个人生。

——史蒂夫·乔布斯

01

系　统

设计个性化的学习体验

我们的学生从根本上发生了变化，我们的教育体系已经不再适合如今的学生。

——马克 · 普林斯基

远去的个性化学习黄金时代

想象一下，满教室的学生都在开开心心地以独特而有趣的方式学习新概念。老师很少讲课，因为他清楚，班上每个学生的学习方式和学习速度都不同。因此，这位老师没有按照课程标准去授课，而是让每位学生都围绕同一主题去发挥，让学生们选择适合他们自己的知识层面和学习速度。本质上，这位老师就是在为每个学生制定个性化学习。

当我向许多教育界人士描述这个场景时，人们通常会微微一笑，然后漠然置之。"这确实很理想，"他们说，"但是这也太不切实际了。"有一位直接将其称为乌托邦式的梦，他说："这种模式在美国是无法大规模推广的。"还有一位只是摇了摇头，微笑着说："教育本应如此，但要想在美国真正推行这种模式，除非有奇迹发生。"

然而，他们当时不知道的是，我所描述的场景实际上已经发生过，它曾遍布美国各地。19 世纪早期，在典型的单间教室里，老师都是以这种方式教学的。我所描述的并非未来，而是过去。

是什么导致了改变？我们是如何失去这种个性化学习模式的？虽然历史学家可以列出几十种原因，如人口增长等，但这种改变实际上可以追溯到 1856 年 3 月 20 日发生在宾夕法尼亚州费城的一件事。这件事后来被证明是个性化学习和教学模式的结束，是接下来 100 年教育标准化的开端。教育历史进程的改变并非由于战争、经济萧条或者暗杀事件，而源自一个名叫泰勒的人的一个想法。

泰勒模式导致标准化出现

孩童时期，弗雷德里克·泰勒与那个时代的许多其他孩子并无二致。他出生于贵格家族，父亲是一位富有的律师，母亲则是一位激进的废奴主义者。泰勒小时候在家上学，由母亲亲自教导，之后在国外学习，然后去了菲利普斯埃克塞特中学学习，该学校是一所位于新罕布什尔州埃克塞特市的精英私立学校。他后来获得了斯蒂文斯理工学院的本科学位，之后成了一名机械工程师。泰勒开发出一套技术，能快速有效地完成工作。事实上，他的工作效率太高了，他不禁开始质疑为什么其他人不能像他那般高效。泰勒发现，工厂工人即便有能力做好也往往会故意敷衍了事。他鄙视这种行为，认为这触及了雇主的底线。为了改变这种状况，泰勒对效率和生产力进行了广泛的研究，并将他的发现纳入了《科学管理原理》一书中，该书于 1911 年出版。

人们都热切希望能够最大限度地提高效率和生产力，因此，泰勒的理念席卷全美，他的书也成为有史以来颇具影响力的管理指南之一。通过将工作分解成几乎谁都能做的多个小任务，从而消除许多行业中的“磨洋工”现象（以及技术工人），泰勒的这些理念改变了各行各业的运作方式。雇主无须再为专业技术人员支付高额工资，从而节省了大量金钱。这也意味着雇主需要用大量普通工人来替代专业技术人员。管理人员不需要也不希望员工有多聪明。根据“泰勒主义”，想要最大限度地提高生产力和生产量，管理人员需要善于动脑，而工人则只需要完全按照指令完成任务。

就是在这个转折点上，美国各行各业的工作开始由注重质量转变为注重数量。人们不再关注产品质量有多好，而是关注生产速度有多快。生产速度更容易量化，也更便于问责。在科学管理理论的推动下，各行各业都认识到定制或创造会降低效率，因此它们都转而着重于标准化生产。于是，像福特汽车公司创始人亨利·福特这样的一批企业家，他们通过增加装配线和普通工人，将汽车制造业转变为标准化生产模式，从而迈向大规模生产。在标准化生产的世界中，组织目标总是先于个人。

当时许多工人都很有想法，梦想成为安德鲁·卡内基和约翰·P. 摩根这样的企业家。他们想要通过努力实现自己的美国梦，而不是在一个运转良好的系统中做一个齿轮。这意味着，如果各个行业继续快速增长，他们则需要付出大量廉价、无需脑力的劳动来完成所有这些没有技术含量的工作。当时世界上最富有的人，也可以说是当时最知名的企业家约翰·洛克菲勒认为，做这件事的最佳方法就是尽早开始。言下之意是，整个社会需要改变教育体系，使孩子们长大能成为更好的劳动力。

作为石油生产和提炼行业的垄断者，如果说洛克菲勒只懂一件事的话，那绝对是如何赚更多的钱。在商界攀上行业巅峰极不容易，洛克菲勒不想太早就开始走下坡路，这正是导致他对小学教育感兴趣的原因。为了使公司继续成长、保持成功，洛克菲勒等企业巨头们迫切需要大量技术水平低下但勤勉肯干的员工。幸运的是，对于这些商界巨头们来说，科学管理中隐含的理念在各个行业（包括教育领域）都颇受欢迎。

1912 年，即泰勒的书出版仅一年之后，美国教育界就出现了一篇影响深远并倡导改变传统教育模式的论文：这篇文章重新思考了校本教育的目的，指出其目的不应在于为孩子今后的人生做准备，而应在于使孩子们适应成为时代所需的劳动力。这篇文章基本上算是一篇如何确保各行各业拥有足够低技术工人的指南，原文说：

> 我们不应试图让这些人或他们的孩子成为哲学家、学者或者科学家，不应从这些人中培养出作家、演说家、诗人或文学家，更不应在他们之中寻找有望成为伟大的艺术家、画家或者音乐家的胚子，也无须从他们之中培养律师、医生、牧师、政客以及政治家，这些我们已经有大量人选……我们给自己设定的任务很简单，也很美好……我们将把孩子们组织在一起，他们的父母现在未能以完美的方式做成的事情，我们都将教导他们以完美的方式去完成。

这篇文章由一个自称为“普通教育委员会”的组织起草发表，该组织则是由洛克菲勒本人创立并资助的。随着赞同泰勒思想理念的人越来越多，这些人被称为“泰勒主义者”。他们指出，正式学校教育的目的应该是为普通学生提供“标准教育”，本质上就是将这些学生培养成工业革命中的蓝领工人，而不是鼓励他们进行更高层次的思考或者培养其创造力。有趣的是，正如我们稍后会看到的那样，关于学校应该将学生培养成为什么样的人，这个争论仍持续至今。

后来有一位著名的泰勒主义追随者是心理学家爱德华·桑代克（Edward Thorndike），他是学校标准化的坚定支持者，认为学校应该根据孩子的能力将他们区分开来，以便日后能够被“派往”合适的工作岗位。桑代克认为，只有这样才是合理有效地利用学校的资金和资源。桑代克这类人并不相信所有的学生都是平等的，相反，他们认为有些人生来就更加优秀，教育的重点应该放在这些人身上。在桑代克看来，那些能力较差的人不配拥有同等的机会，他们基本算是工厂工人，也理应受此待遇。

对于泰勒、桑代克以及他们的追随者来说，做任何事都有“最佳方式”，任何偏差都会导致生产力的下降和浪费。最佳方式就意味着标准化。一夜之间，老师们开始接受完全不同的师资训练。教育系统将学生们参加特定考试的通过率作为对老师的考核标准，而不再关注学生们取得了多大进展。教学方式有对有错，要么你教对了，要么你就被解雇了。不管学生的能力有何差异，老师都采用完全相同的素材、完全相同的教学方式以及完全相同的教学速度。如果效率模型显示普通人以某种方式、在某个年龄段学习数学最佳，那就应该按模型来。正是这些理念内在的不平等，在美国工业革命的后期重新定义了学校，使整个教育体系开始注重标准化，甚至持续至今。1915 年，泰勒在刚过完 59 岁生日的第二天死于肺炎。虽然无人否认他是商界传奇，但他也是教育界的众矢之的，对于我们这些试图改善个人学习体验的人来说，更是如此。

当我细细思考整个美国的教育史时，它与我家的教育史之间的相似之处，不禁让我感到惊讶。我的曾祖父出生于 1867 年，上学只上到三年级。

我的祖父出生于1902年，上学到八年级。我的母亲出生于1926年，完成了高中教育。我出生于1947年，是我们家第一个大学毕业生，甚至还获得了计算机科学的硕士学位。后来我的4个孩子也全部接受了高等教育。这让我很乐观，至少我们正朝着正确的方向前进——但这个进程太慢了，还有一些挑战仍需克服。

不能改变系统，只能改变人

自工业革命以来已经过了一个多世纪了，政治家、学校行政人员还有其他相关人员每年都在呼吁，我们需要提高教育的严谨性，需要给所有孩子以平等的学习机会，但标准化模式仍然占据主导地位。基础教育教师的教学目标在于确保班级里的每个学生都处于“该年级达标水平”，无论这些学生的天赋、爱好、优点、缺点以及背景如何。最终成功的学生往往是一群“擅长记忆者”，他们同样学会了如何玩教育游戏，跟我几十年以前玩的没有差别。

我们应如何做出改变呢？想要改变当然不容易。我认为必须从内部开始，由内而外。换句话说，在利用技术改变教育之前，我们先要确保自己理解教育心理学。我们应首先把信心放在孩子身上，然后再把信心放到教育体系、教育改革以及打“补丁”上。我们必须相信并且懂得，每个学生都能学有所成。正如过去的泰勒主义者一样，许多老师或有意或无意地仍在放弃那些“没开窍”的孩子，因为无休止的评估和绩效考核让教师们感到压力颇大。放弃“努力却还是不开窍”的学生，这种态度并非源自冷漠，而是为了生存——这是一种防御机制，让老师们为这些孩子感到惋惜的同时，仍认为自己的做法合情合理，因为他们必须如此，否则那些学生可能会拖整个班级的后腿！这一事实凸显了标准化系统中最具破坏性的缺陷之一：它采用的是人为设计的时间轴，让每个学生都去适应整个班级既定的学习速度，而不是按个人的学习速度去学习。但班级不是活生生的个体，没法教，也学不了。班级里面的一个个学生，才是有学习能力和有望成功的个体。**重塑教育若想成功，就要求我们首先把重点放在作为个体的学生身上，然后再放在学习、教学和正确使用技术上。**

我们无法凭一己之力改变体系，只能改变人，因此，我们必须齐心协力，一起去改变整个体系。我们最强大的武器，是改变自己的能力。我们必须先扪心自问，是否真的相信每个孩子都有学好和成功的潜力。因为如果我们在内心深处不相信这一点，那么改革就没有意义，投入再多的技术也是白搭。如果说与乔布斯以及其他杰出的领导者合作只让我学到了一件事情的话，那就是变革往往都是从内部开始，由内而外的。一旦我们内心深处对孩子们建立了信心，那他们也会开始相信自己，如此一来，我们也就能帮助孩子们释放自己所拥有的潜力！

给学习者的启示

1. 标准化系统中最具破坏性的缺陷：采用人为设计的时间轴，让每个学生都去适应整个班级既定的学习速度，而不是按个人的学习速度去学习。

2. 重塑教育的正确顺序：①重新认识学生；②研究学习和教学；③正确使用技术。

02

潜　能

相信每个人都能成就非凡

教育不应该仍重在传授知识，而应另辟新径，去释放人类的潜能。

——玛丽亚·蒙台梭利

不要主观臆断，“学困生”非你所想

托德是一个典型的后进生，长期有着行为问题和动机问题，人们认为正是这些问题让他在整个小学期间的日子都很难挨。在高中多次受到留堂和停学处理后，托德辍学了，当时他的平均绩点才 0.9。好像学校生活对托德来说还不够难似的，他女朋友还怀孕了，他得肩负起照顾她和他们即将到来的孩子的责任。最后他开始打工，时薪低于 5 美元，外加领些社会福利补贴开销。认识托德的人都说他人不错，也很聪明，还说他潜力不小。很明显，一直以来肯定有什么地方出了问题。“学校系统是圆凿，而我是方枘，这让我格格不入。”托德几年后回忆道。

那些在学校日子难挨、成绩不好或是辍学的孩子们，我经常听到人们谈及这些孩子时说他们懒惰、愚蠢。那些更有同情心的人则可能会把托德这类孩子的问题归咎于父母对其不够关心、老师教导无方，或者缺乏特殊学生群体干预计划的资金支持。在给全美各地的教育工作者和学校管理人员演讲时，我有时会问：“如果说托德这类孩子的问题是我们的错呢？”

很多人对此瞠目结舌。“这怎么可能是我们的错？”他们暗自思忖，“毕竟，我们都不认识托德！”

没错。他们确实不认识托德。但是，在听到几件关于托德的个人事情之后，和大多数人一样，他们也会对托德、对他的家庭、教师或他所拥有的教育资源进行主观臆断。我认为真正的问题不在于我们将托德的问题归咎于什么原因，而在于我们总倾向于去主观臆断。这正是目前学习和教学体系中的主要缺陷：**教育者会根据自己的主观臆断来判断学生的能力，从而限制了他们的潜力，教育者没有给孩子们创造条件，让他们得以展示自己的潜力。**

成功的教育重塑并非始于技术，而是始于心理学。主流认识对孩子成功的潜力一直存在误解，我们在尝试帮孩子们释放潜力之前，必须先认清这些误解。发生在托德身上的事，源于一种心理现象的驱使。这种心理现象是：在遇到无法理解的事物时，人们的思维会将其过度简化。心理学家将这种现象称为“单因谬误”，它使人们倾向于为某个问题找到一个易于理解的答案，而实际上这个问题相当复杂，可能是由许多原因共同导致的。通常，在刚认识到问题之后，并在了解问题的全貌之前，这个答案是我们最先想到的“问题的原因”。我们甚至没有意识到自己没有了解事情的全貌，似乎我们站得越远，看得就越清晰。比如说，可能在读了一篇关于托德的新闻报道之后，有人就立马认为自己对所有情况了如指掌，并没有意识到，电视新闻、报纸、杂志同样会有失偏颇。

“单因谬误”与“认知偏见”的现象有关，即人们会根据自己的个人经历或境况对其他人或事物做出判断。例如，如果自己在高中时因为老师差劲而退学，在听到托德的故事后，我们会潜意识地将他的不幸辍学也归咎于教学质量太差，甚至都没有意识到联想到了自己。社会工作者可能会将其归咎于社会经济因素，因为他们每天都会接触到这些信息；心理学家可能会将其归咎于心理或情绪问题；一个恰巧在学校中也如鱼得水的成功人士可能会将其归咎于托德本人，怪他不够努力。因为经验使然，他们都认为自己的判断没错！

事实上，导致一个人失败的真正原因可能不在上述之列，也可能是其中的某一些，也可能包含上述全部因素。如果我们没有意识到自己会有认知偏见，后果就会很严重。因为个人信念可能导致起草不合理的法律，实施不合理的规则，使人由于不合理的原因而没法获得潜在的机会。“验证性偏见”同样会带来严重后果，它是指一旦人们认定自己判断出的原因，就会下意识地尽自己所能来证明自己是对的，而不愿去了解真正的原因。事实证明，即便我们错了，只要足够努力去证明自己是对的，几乎都能找到证据。

我们需要明白，谈及一个学生是否成功，都只是自己脑中的想法。只有有意识地拒绝这些想法，并且承认，无论他们成功与否，都不能以我们的期望为人生目标，这才是实现真正改变的第一步。我所提出的由内而外地重塑教育，其核心就是认识到我们的偏见。

托德辍学后不久，很幸运地遇到了一些良师益友。他是块“方枘”，他们知道，也乐意接受真实的托德。他们鼓励托德追随心之所向，不管过去，也不管其他人说什么。他们让托德相信，无论他如今身处何种境地，有过何种过去，他依然可以做任何自己想做的事情。他们花了很长时间，最终托德开始相信他们的话。一旦托德坚信自己可以做任何想做的事情，一切都开始改变。在短短几年内，托德就挥别过去，进入大学，而这在以前看来根本是个不可能实现的梦。

如今，托德成了托德·罗斯博士（Dr. Todd Rose），一位受人尊敬的哈佛大学教授，担任哈佛大学教育研究生院“心智、大脑和教育”项目的负责人。他还是“个人机会中心”的主席和联合创始人，并因其在教育领域的开创性工作而闻名。托德拥有心理学学士学位，并在哈佛大学取得了硕士和博士学位。有一次，托德被波士顿一家杂志评为“波士顿地区最聪明的人之一”。波士顿是哈佛大学和麻省理工学院的所在地，所以这可以算是盛誉了。托德撰写了两本广受好评的书，《方枘》（*Squre Peg*）和《平均的终结》（*The End of Average*），目前他的第三本书《黑马》（*Dark Horses*）正在写作中。在这些书中，托德在个体科学领域分享了他开创性的研究成果。“从某种程度看来，我们都是方枘，”托德解释道，“大部分人在青少年时期，都在试图弄清楚如何插入社会给予我们的圆凿。”正如世上没有两片完全相同的雪花，每个人都是独特的，都是单个的个体，这种独特性至关重要。**只有将人理解为单个的个体，拒绝使用平均标尺作为衡量人们的主要标准，我们才能真正学会如何让教育改变孩子们的生活。**

“社会迫使每个人都要符合某些狭隘的期望，以在学校、职业生涯和今后的人生中取得成功，”托德博士说，“我们都在努力使自己变得像其他人一样——不，更确切地说，我们不仅努力在使自己变得像其他人一样，甚至要更像。”托德年幼时，很多人都有意或无意地放弃了他。我将托德的故事视作警钟以提醒自己，当看到某个孩子难以适应学校，并意识到我们大脑的第一反应就是将他们视作后进生时，也许我们应该抑制这种直觉反应，用更加乐观的态度去看待孩子们。

对孩子的期望应该是相对的

一旦认识到所有人都会被认知谬误所困扰，受验证性偏见所驱使，我们就能在自己身上识别这些谬误和偏见，并在必要时抑制它们。托德博士关于个体的研究以科学的方式向我们展示了：每个人都是不同的。常识也如此告诉我们。每个人不仅身材样貌不同，学习的方式和速度也不同。我们也应该以不同的方式去观察和定义事物。当然，字典可以给出某个单词的一般定义，但许多单词对不同的人而言，有着不同的含义。例如，如果我问你“成功”意味着什么，你可能说它意味着赚很多钱，而我可能觉得，不论一个人赚了多少钱，只要他在某个领域有重大影响，我都会认为他是成功的。

在判断学生是否取得所谓的成功时也是如此。关于“什么可以帮助学生获得成功”这个问题并不存在标准答案。人们可以有各种各样的答案，包括平均学分绩点、考试成绩、学习进度等。换句话说，成功是一个相对的概念，而不是一个绝对的概念，一个人成功的潜力也是如此。

这也是为何我相信每个学生都有成功的潜力。我不是说每个学生都有为了通过某场标准化考试而背下整本教科书的潜力，而是每个学生都有以自己独特的方式取得成功的潜力。相对性很重要。至于某人是否“辜负”了自己成功的潜力，只是个人所持的观点不同而已。

两个孩子，一个男孩、一个女孩，两人同样聪明。我们的任务是判断他俩是否充分发挥了自身潜力。这个男孩把主要精力都放在学习上，成绩全优。当男孩花时间进行课外活动时，他会去踢足球，但他积极性并不高，也没什么竞争力。然而，他身体十分健康，如果他肯花功夫，显然能够把球踢得更好。与此同时，女孩的成绩单上大部分都是良好和及格，但她的父母知道她有能力获得全优，为此他们很失望。他们说女孩小提琴拉得很棒，说明她学习能力很好。她将大部分业余时间用于练习小提琴。在音乐课上，不论是五线谱上的还是现场演奏的音乐，她都能记下来，但在其他大多数课程中她都表现平平。她的父母因此断定，女孩在学术课程上不够努力。

在这种情况下，是男孩还是女孩最大限度地发掘了自身的潜力？还是两者兼有？又或者两者都没有？如果问男孩的英语老师，我们会得到一个答案；问他的足球教练，又会得到另一个答案。如果问女孩的数学老师，他会坚持说女孩没有最大限度地发掘潜力，但她的音乐老师则不会同意这种说法。

这个例子让我明白，在没有弄清一个问题之前，我们无法确定一个孩子是否最大限度地发掘了自身的潜力。这个问题就是：哪方面的潜力？比方说，我们只讨论学业方面的潜力，并以分数来衡量。如果一个学生英语全优，但是数学总得良或者及格呢？这是否意味着他在数学上没有充分发挥潜力？仔细观察孩子们的数学技能时，我们发现，他们能熟练掌握分数和小数，但对几何就掌握得不够透彻。而在老师以特定方式进行教学时，对于特定类型的几何问题，孩子们总也开不了窍。单就一个孩子，如果父母或老师想要刨根究底弄清问题，也需要花很多精力。看看成绩单上的良或者及格，就下结论说这孩子在某个科目上不怎么开窍显然要容易得多。学生的成功和失败往往不在于他们有没有潜力，而在于教育者如何看待他们。既然我们的看法是相对的，就像成功和潜力都是相对的一样，**我们对任何一个孩子成功的期望也必须是相对的，这些期望会直接影响他们潜力的实现。**

教师们经常发现自己处于两难的境地：要么保持稳定的教学速度，以确保大多数学生都能学习新的知识；要么放慢教学速度，以确保所有学生都能掌握所学知识。既能保持固定的教学速度，又能保证全班学生都掌握了所学的知识，这种情况可能很理想，但我们知道这不可能。正如我们将会看到的那样，在解决这个问题上，自适应技术可以发挥非常重要的作用。但技术取决于其所运行的软件，而软件又取决于其设计者。若想知道如何将这个软件编写得完美，我们必须更加深刻地认识自己，认识什么是重要的、什么是不重要的，认识我们对学生的期望是什么、又应该是什么。

许多专家认为，我们应该对所有学生都抱有同样高的期望。他们还指出，设立年级达标水平是确保这一点的有效方式。“如果我们没有为所有学生设立同样高的标准，”这些专家说，“那么我们就是不相信孩子们的真正潜力，就是在伤害他们。”我见过一些学校活动家、政策制定者、管理人员和本意很好的政治家都持有这种论调。另一些人则提倡“现实一点”，他们指出，进度指标才是设定期望值的最佳工具。“如果我们把期望值设得太高，”他们说，“就是在为孩子的失败埋下伏笔。”持这种论调的通常是教师，尤其是那些问题学生的教师。

我相信这两种论调都有一定的道理。是的，我们应该对所有的学生都抱有较高的期望。并且，一旦教学方式对路，孩子们便能轻易掌握新的知识，我们常常会低估他们的这种潜力。我发现，很多时候并不是孩子们学习能力有问题，而是教学方式不对路。我担心的是，如果为了“现实一点”而设定低目标，我们可能会埋没了人才。对我来说，如果一个孩子无法理解学校教的知识，他没有责任去努力弄懂，责任反而在于教师或家长——教师或家长必须弄清楚，换哪种方式去教，孩子才能理解。

我们对学生学习的期望不应该建立在任何一套既定的标准上，那些标准通常都是期望孩子们在同一时间点达标。事实上，我们的期望应该与孩子目前的学习能力相关。我并不是说，我不指望学生能掌握带分数除法，只是说掌握的时间点不要定在五年级的第四个月的第三周！如果五年级学生只知道加减法，那我对他们当前的期望是学习乘除法，掌握分数的运算则属于我对他们未来的期望。高期望不应与当前的期望画等号，相反，期望应该是多层的，包括当前的和未来的。

标准化测验无法体现各个孩子的进步。这些测验只能衡量与其他同年级学生相比，某个学生掌握了多少内容知识。针对单个学生，这些测验无法判断每个人成功或学好的潜力。正如一位朋友曾经说过的那样："标准化测验唯一能准确衡量的就是学生为这些测试做了多少准备！"由于学生整体的测验成绩结果通常会用于对教师的考核，有时甚至与工资挂钩，这就导致教师们发现自己心里想着一套（"对所有学生一视同仁"），表面做着一套（"不得不为了班级平均分而继续厚此薄彼"），这不仅伤害了教师们对学生的期望，也伤害了他们对自己的期望。

这种困境往往会阻碍每个学生往更高水平发展的潜力。是的，我知道，尽管我谈了这么多心理现象和多层期望，仍然有很多人打心眼儿里认为并非每个孩子都拥有无限潜力。在他们心里，有些事情人能做到，有些事情人明摆着做不到。这些人还认为，有些人生来就天资聪颖，成就自然也就更高。这种想法又涉及几十年来一直没断过的先天与后天之争。

先天与后天之争，各有道理

19 世纪后期，一位身材矮小的统计学家——弗朗西斯·高尔顿爵士对一种遗传学理论产生了兴趣。该理论认为，一个人的学习能力是由基因决定的，源自遗传。高尔顿最广为人知的成就，就是开创了“优生学”。“优生学”旨在“改善人类的遗传素质”，包含一系列错误的想法和实践方案。阿道夫·希特勒由此得到灵感，于 1925 年写下了臭名昭著的《我的奋斗》，最终促使他企图灭绝犹太人以及其他一些人种，引发了世界大战。尽管如此，“优生学”并不是高尔顿提出的唯一重要概念，他还提出了“先天与后天”这个概念。在 1869 年发表的《遗传的天才》一书中，高尔顿阐述了自己对智力和能力的理解，深入探讨了“先天与后天”的概念。

几十年来，教育理论界最主要的争论就是先天与后天之争。“先天重要”的支持者认为，人的智力和能力主要由先天决定，因此，一个人的学习能力和人生成就都受其限制。他们认为，人生来就注定了有些人天资聪颖，有些人体格健壮，而一些人则平庸无才。换句话说，基因决定了一个人的潜力。“后天重要”的支持者则认为后天培养更加关键。他们认为每个人生来都一样，成长和发展的环境才最为关键。在某种程度上，当今的教育界仍持续着这个争论。但最近的研究结果表明，答案并不是非此即彼那么简单。

有研究表明，虽然我们确实继承了父母的基因，包括和智力相关的基因，我们所处的环境却对这些基因如何表达、甚至是否表达起着关键作用。表观遗传学是极具前景的新兴科学研究领域之一。该学科指出，基因的表达不是静态的，而是动态的。基因表达会随着时间的推移而不断变化。环境会影响、促进基因的表达，使之更适应环境。因此，生物基因与环境因素是合作关系，“先天”“后天”并非非此即彼，而是相互关联。两者之间的相互作用才是最关键的。

神经学家正在研究表观遗传学的一个部分，即交互作用论，该理论着重探讨基因与智力动态交互的方式。到目前为止，交互作用论相关的研究表明，从神经学的角度讲，出生时带有“优良”基因的主要好处是，它可能会使人以某些特定的方式更快速地学习某些特定的事物。但是，如今很清楚的是，我们做什么、如何做，以及我们跟什么样的人在一起等，这些因素都能改变我们大脑的构造以及遗传的智力水平。正如戴维·申克（David Shenk）在他所著的《天才的基因》（*The Genius in All of Us*）中描述的那样，“人们的行为实际上会影响其基因组的表达”。因此，从某种程度上而言，争论的双方都有对有错。

唉，现在我又能听到这种推脱之辞了：“那些出生时智力有缺陷，或者没能获得这种能力的学生呢？我们也应真心期待他们获得更高的成就吗？也许泰勒主义者是对的！整个社会确实需要蓝领工人！毕竟，总得有人打扫厕所、去工厂做流水线工人吧？为什么我们明明知道人生来就不平等，还要自欺欺人地认为每个人都是平等的？”当人们试图申辩并非人人生而平等时，我就会听到这种言论。并且，正因为人人生而不平等，所以我们根本就不应该在教育上过度关注平等。“也许，”他们认为，“对于一些孩子的潜力，我们抱有的期望就应该降低些，而不是去分层。”我强烈反对这种观点。我认为应该让每个孩子都能创造非凡，这意味着我们应为他们创造非凡提供机会，这就要从提供优质教育开始。然后，生活开始介入他们的人生，让他们或由于自己的决定或受环境所迫，去成为普普通通的人。

我认为，那些对平等持这种论调的人是将平等和独特混淆了。独特与个性（即我们是谁）有关，而平等则与机会（即我们能够做的事）有关。同样，正如托德博士的研究所指出的那样，每个人生来都是独特的，并且余生都将如此，这是件好事。人们虽然并非生而平等，但幸运的是，这是可以改变的，也应该改变。正如我们将看到的那样，如果使用得当，**技术可以成为迄今为止世界上最强大的教育均衡器**。对于我们来说，最关键的是，首先要更好地理解潜力和自身的偏见，如此才能进入重塑教育的下一阶段——激励孩子们真正意识到自己拥有的潜力。

给学习者的启示

1. 如何正确看待孩子：①将孩子理解为单个个体，不用平均标尺衡量所有人；②对每个孩子的期望是相对的；③相信每个孩子都有潜力。

2. 学生成功与否的关键：不在于自身是否有潜力，而在于教育者如何看待他们。

03

动 机

找到最佳效应点

教育不是注满水桶，而是点燃火种。

——威廉·巴特勒·叶芝

获得成功最重要的因素是动机

获得成功最重要的因素是动机。多年来我一直认为，如果一个人有足够的动力，就很难有什么能阻止他获得成功。教育也是如此。如果一个学生极其渴望学习某样东西，那么，失职的家长、老师和学校合起来也阻止不了他们去学习。这就是为什么孩子们可以记住整首歌的词，却总也记不住 5 分钟前刚学过的数学公式；这就是为什么在电子游戏中的角色遇到复杂问题时，他们能运用批判性思维、技巧来解决问题，但在做数学应用题时却无法运用相同的技巧来判断下一步该做什么；这就是为什么许多梦想成为职业运动员的男孩，每天有空打几个小时的篮球，却没时间做代数作业。所有这一切，都能用“动力最关键”来解释。如果孩子们学习某样东西很吃力，在大部分情况中，并非他们没法开窍，而是我们未能说服他们这样东西值得学习。

在讨论动力的重要性时，我喜欢跟人分享我女儿蒂芙尼的故事。蒂芙尼的哥哥克里斯学习成绩优异，但她在学习上就很吃力，我们担心她可能有某种学习障碍。无论是在学校还是在家里，有些知识内容，无论以什么方式教她，蒂芙尼都需要花很长时间才能理解。但是，在和艺术手工相关的课业上她的表现都很出色。当蒂芙尼升入中学时，我们聘请了一个老师来辅导她——莉莲·利伯曼（Lillian Leaberman），利伯曼很快意识到蒂芙尼具有很强的艺术天赋，而且是个视觉能动型学习者。她帮助蒂芙尼手工制作了一个中世纪城镇样式的房屋模型，以及许多伊丽莎白时代的娃娃。每当蒂芙尼做手工创作时，脸上总洋溢着幸福的笑容，但我从来没有将她追求艺术的热情与她在学术领域的表现联系在一起。

蒂芙尼后来上了大学，学习心理学专业。那时，她已经学会了集中自己的注意力，学习成绩也很不错。但在大学二年级的时候，一位姐妹会的朋友无意中看到蒂芙尼做的一些艺术品，立马被惊艳到了。“太棒了！你在艺术设计方面这么有天赋，干嘛浪费时间学什么心理学？”这番话让蒂芙尼幡然醒悟，没过多久，她就放弃了她的专业，转而追随她对艺术的热爱。蒂芙尼转学到奥蒂斯设计学院（Otis-Parsons Design College）开始学习时尚相关专业。在那之后，她学习从未觉得吃力过，因为她正在做自己喜欢做的事情，而且就像任何动力充沛的学生一样，成功随之而来。

我记得，蒂芙尼转学到奥蒂斯设计学院不久后对我说：“我花了14年的时间，学的都是我不擅长的，如同奋力推球上山，直到我意识到自己的天赋和热情所在，如今，我终于可以轻松追球下山了！”她说的时候，脸上洋溢着小时候制作娃娃时一样的幸福笑容。她随后获得了一项特殊荣誉，即赢得了“金顶针奖”（Thimble Award），此奖是该校诸多令人垂涎的奖项之一。

作为父亲，我从蒂芙尼的这些经历中学到的是，父母和老师常常认为，如果孩子未能学业有成，就一定是他们有什么问题。而事实上，蒂芙尼在学校唯一的学习障碍是缺乏动机。一旦她意识到自己的热情和天赋所在，并利用两者之间的“最佳效应点”将其最大化，她就能够开始发挥自己的真正潜能。

蒂芙尼的经历使我更加坚信，**教育孩子应主要在于帮助他们发现自己的天赋、兴趣和热情所在**。多年来，我发现几乎每个孩子都有“最佳效应点”。有时候，找到这个“最佳效应点”很容易（但也并非总是如此），因为我们往往会倾向于对自己擅长的事情满怀热情。反过来，这可能也正是我们擅长那些事情的原因。然而，有很多孩子和成年人并不知道他们热衷于什么，或者可能擅长于他们并不热衷的事情，抑或可能热衷于他们并不擅长的事情。我认为，教育工作者和家长的首要目标应该是帮助孩子们找到他们的“最佳效应点”，通过挖掘他们擅长的领域以及热切想要学习的东西，然后将其与孩子们需要学习的东西联系在一起。当然，我知道，说起来容易做起来难。

教育界有个令人难以接受的真相，那就是关于如何激励某人（更别提要激励一整间教室的学生），是靠教师在教学实践中自行摸索出来的，没有人教他们该如何激励自己的学生。关于什么是最好的标准和什么是最佳教学方法的讨论满天飞，但除非学生们真正参与并且有足够的动机想要学习教师教授的内容，否则那些讨论都没什么作用。相反，即使面对落后的教学方式以及极其有限的教学资源，动机被高度调动的学生也能学习任何想学的东西，并极有可能学成。

我认为动机是有效学习的先决条件。大多数教育工作者都同意这种观点，但在教师培训项目中却很少教授如何调动学生的动机，甚至很少谈及动机一词。大多数教育学系都没有正式关注这个问题，那些关注了这个问题的学校，也只是将其纳入教育心理学选修课，充其量也就是一节课的内容而已。所以，问题是：为什么会这样？如果动机的重要性众所周知的话，为什么我们没有经常谈到呢？

我们很少谈及学生动机的原因之一，是因为它无法定量检测，这也是科学和教育学系忽视它的主要原因。我们无法通过一个孩子的测试分数或平均学分绩点得知他的学习动机有多强。我们当然可以问孩子们，但这就违背了学者和教育从业者所依赖的定量分析。诸如投票和调查等，都属于定性研究的范畴，这些往往被当作逸事证据而非严格的经验证据，因而无法受到重视。即使在定性研究中，如果我们向学生做问卷调查或参与投票，他们很有可能会给出他们认为成年人想要听到的答案，而不是说出自己的真实感受。尽管如此，即便没有多少关于学生动机如何影响他们的表现的定量数据，但关于动机的理论却很多。针对什么能有效激发动机，每种理论都有其各自的调查研究。

内在动机优于外在动机

到目前为止，和动机相关的理论中，研究最深入、接受程度最广的是自我决定论（self-determination theory）。该理论的重点在于理解人们的内在需求和成长。爱德华·德西（Edward Deci）和理查德·瑞安（Richard Ryan）共同提出了该理论，二者是著名的现代心理学家，他们的研究被世界各地的学者广泛征引。他们关于自我决定论的学术论文，被视为有史以来关于动机研究最权威的著作。我认为，以重塑教育为目的，自我决定论中有一些要点可以帮我们更好地理解学生的动机。

自我决定论着眼于人们做出的选择以及做出选择的缘由。具体来说，该理论探讨了人们做出某些选择时是否受到了外界因素的影响。例如，如果某学生选择花大部分闲暇时间来学数学，那是因为他需要在考试中得优、提高平均学分绩点呢，还是因为他真的很喜欢数学？根据自我决定论，如果是后者，则属于内在动机；如果是前者，则属于外在动机。

当然，内在动机和外在动机之间也可能存在交叉，自我决定论则通过考虑哪种动机更强、强多少来探讨这一点。在教育领域，有一种最简单的方法用于分辨两种动机之间的差异，即内在动机就是学生主要受自己的内心所驱动，比如前面提到的玩电子游戏或打篮球的例子。

外在动机是指学生主要受外部因素所驱动，比如考试分数、成绩、奖励，或老师、父母、教练等人的教导。

教育界自我决定论的支持者认为，我们想要的状态，是孩子们能通过内在动机去主动学习知识。有大量研究表明，**当人们受内在动机驱动时，学习的持续时间更长，对课题的理解更深入，也记得更清楚、更久。调动孩子的内在动机，使其主动学习，是教育界的终极目标，也是最困难的事情。**

然而，已有证据表明，某些类型的外在动机也能产生相当不错的短期正面结果。尽管几乎所有的教育者、研究者、管理者和政府工作人员，只要稍微懂点学习理论，都会认同内在动机是更优选择，但整个教育体系的设计和实施都完全依赖于外在动机，比如成绩和考试分数。外在动机确实能出短期效果，现有的教育体系也是据此设计的；但长期而言，内在动机更有优势，因此我们的体系应该据此来重新设计。我们已经具备重塑教育体系的能力，能使其更好地与内在动机背后的研究相结合，但是，除非肯下功夫，否则我们将很难在许多学生中培养他们对学习发自内心的热爱。在重塑教育之前，将内在动机和外在动机区分开来十分重要，因为我们将会看到，对于这两种动机，技术都能有效地加以利用。

把握四个关键要素激发内在动机

动机背后确实涉及很多科学和心理学原理，但它同样可以是一门艺术。像大多数复杂的事情一样（泰勒主义者可能不会认同），没有什么能用“唯一正确的方式”来解决，提高动机亦是如此。所有的变量都应放在特定情境中加以考虑。今天使我兴致勃勃的东西，明天可能就令我兴致索然了。你可能会特别热衷某种类型的游戏，而对其他类型的游戏一点也不感兴趣。请记住，我们正谈论的事情与想法、意志有关，而想法、意志会根据具体情况而不断变化。话虽如此，多年来我从自己的经验以及他人的经验中，还是积累了不少实用的建议和技巧，接下来我将列举一些最重要的。

关键要素 1：自主选择

第一个关键要素是自主选择。让孩子自主选择学习新事物的方式，可以大大提升孩子的感兴趣程度。孩子越感兴趣，他们保持兴趣的动力也就越强。如果他们动力很足，功劳并不一定在于教师教授的课程，而更可能在于教师的授课方式。让学习变得有趣、吸引人并且有意义，几乎是让所有学习体验变得更好的关键。

与学生的选择同样重要的，是学生面临的压力。以前，在青少年体育比赛的场地边，总有一些“怒子不争”的父母，如今，这一大特色已经跨越到了教育界。世界各地的家长都开始往孩子身上施加越来越多的压力，要求他们取得成功。压力会导致应激，应激又会导致各种各样的消极反应。作为家长，我当然理解父母都怀有“为了孩子好”的愿望，我也并不是说父母不应该去推动孩子们变得更好。我的建议是，如果我们选择鼓励孩子，对于他们受鼓励去做的事情，至少他们应该有发言权。确保孩子们在目标上已经有了情感上和精神上的投入，是帮助他们实现目标的关键。

我最近听见有位家长对他们上四年级的孩子说：“要做就要做到最好，要么就别做了。”那个孩子毫无疑问地感到很沮丧，我也感同身受。我相信我和那个孩子心里都有同样的疑惑：“为什么？”

那个可怜的孩子因为没有做到“最好”而受到警告，之后不久，我和一位关系很好的同事聊起了这个话题。“父母真的觉得，这值得让孩子牺牲童年最美好的部分吗？”我问道，“在这件事上，难道这个孩子不应该有发言权吗？”

同事人话锋一转，问我，如果我儿子说他想成为最优秀的、想要被人鞭策的话，我会怎么做。“那样的话，我可能会尽力去鞭策他，因为这是他的选择。”我回答。

“如果他中途发现前路漫漫，道阻且长，然后想要放弃呢？”她问，“你会由着他吗？你会告诉他，在伟人的眼里放弃是可笑的，还是会在即便知道继续努力就有获得成功的机会，现在放弃只能前功尽弃的情况下，仍然任由他放弃？”

我无言以对。这是千万父母经常面对的难题，我们只能各自解决。我们应该为了更美好的明天而牺牲现在吗？孩子应该吗？

但我知道，为了做出最佳决定，我们必须先真正理解孩子。如果我们打心眼里知道，孩子们想要的是自己的梦想，而不是大人附加在他们身上的梦想，那么我可能不会让他们轻易放弃。我发现，让孩子们自由地去探索、发现、玩耍，在孩童时期单纯地做个孩子往往会更好。只有当孩子们真正明确自己心之所向时，无论有没有我们，奇迹都会发生。

关键要素 2：正确看待失败

第二个关键要素是正确看待失败。人们常说要“现实一点”，而我一直都是“一切皆有可能”的忠实信徒。很少有人会听到我说“不可能”这个词，因为在我的人生经历中，我看到过太多原以为根本不可能的事情最后都变成了现实。当乔布斯第一次描述他对于未来的宏伟蓝图时，人们也认为那些几乎都是不可能的。我在苹果公司的工作，正是一段学习如何将不可能变成可能的经历，这段经历也让我逐渐开始抵触“现实一点”这个想法。当与那些心怀巨大梦想的孩子们交谈时更是如此。许多梦想可能不会实现，但这并不意味着它们一定不会实现。

我的合作伙伴贾森在市中心贫民区高中对学生演讲时，总会以一种非传统的方式进行。例如，他的开场白通常都是：“你们谁想成为一名职业运动员？”几乎所有男孩都高举起手。“嗯，我相信你们会成功的，而且我还会助你一臂之力。”然后许多人一脸不解地看着他，其中不仅有学生，他们想知道贾森将如何助他们一臂之力，帮自己达成心愿；还有学校的管理人员，他们想知道，贾森不是请来谈辍学的吗，为什么谈起了专业运动！

在场的人成为职业运动员的可能性不到 1%，每个人都知道这一点。

那么贾森为什么要夸下如此海口呢？“你们打算怎么做？”他问举手的男孩儿。

“没错，”他说，“我们都知道达成这个心愿会很难，所以我们一起来看看有哪些步骤。以进入美国男子职业篮球联赛（NBA）为例。怎样才能使你进入 NBA 的机会提升到最大值？”聊着聊着，为杜克大学、堪萨斯大学、肯塔基大学等重点大学的篮球队效力的想法顺理成章地出现了，这也是贾森切入正题的时候。“没错，”他说，“如果你进入以上任何一支球队，那么加入 NBA 的机会就会大大增加。所以，首先呢，我们得努力进入上述其中一所学校。我们来做笔交易：你们努力提升篮球技术，我来帮你们进入其中一所学校。”突然间，学生们都笑了起来，神情激动，脸上洋溢着对未来的憧憬。

发生了什么？贾森受邀向一批学生演讲，其中大多数人正处于辍学的边缘，转眼之间，他们一个个都在憧憬着能上重点大学。孩子们知道这不是什么容易的事，但他们也知道这并非不可能。因为贾森告诉他们，他自己高中辍学，最后还是进了哈佛大学。他们非常有信心，认为自己一定同样有机会获得成功。但第一步是，现在在学校得学有所成！

这些孩子身边总有不少“好心”的成年人，这些成年人喜欢用“残酷的现实”来教导孩子们，提醒他们成功的可能性有多渺茫，并建议他们放弃不切实际的梦想，将精力集中在更实际的后备计划上。但当成年人这么说时，所有孩子听到的弦外之音都是：“这太难了，对你来说太难了。我不相信你能做到。要成为那仅有的 1%，你还不够格。”千万不要让这种情况发生在你的孩子身上。不要成为一个梦想杀手，你认为的那些更现实的想法都有毒，不要传输给你的孩子；相反，你应该找到一种方法，将他们认为的欲望之所在与你认为的现实之所需联系起来。

总是“现实一点”，会破坏我们的创新思维能力和创造力。它将我们限制在对现状的有限期望里，限制在告诉我们“要现实一点”的人的有限期望里。毕竟，我们眼中的现实甚至可能与邻居、同事和朋友眼中的完全不同。对此，我在惠普有过亲身体验。在早些时候，不断有人告诉我们要现实些，说我们不可能与 IBM 竞争，说他们基本上“垄断了计算机行业”，还说什么“攻金城汤池，不自量力”。幸运的是，我们并未理会。

关键要素 3：刻意练习

第三个关键要素是刻意练习。这一条特别有意思，因为大多数人并不喜欢做自己认为做得失败的事情。我们倾向于专心做自己擅长的事情，不愿意碰不擅长的事情。这意味着，除非父母、老师或教练告诉孩子“失败是值得鼓励的，也是意料之中的”，否则他们可能会认为失败是一件很糟糕的事。对失败的负面解读，最终会使大多数人在任何事情上都无法达到顶级水平。我们被教导的观点是，失败了一次就等于彻底失败。我们将失败视作结局，而没有将其视作必经之路，没有将其视作学习过程中不可或缺的一部分。不失败，则无以为鉴；“前车之鉴，后事之师”。

苹果公司一直以创新著称。但即使在刚起步的时候，乔布斯对我们的期望就很特别，几乎与你听过的苹果公司的所有事情都背道而驰：他希望员工们能够忽视过去，挑战现在的极限，创造未来。短期的失败不要紧，只要是向着长远的成功目标前进，就都会受到鼓励。事实上，如果我们没有经历任何短期的失败，那就意味着当下的创新还做得不够。乔布斯希望我们能不断挑战极限，而只有通过不断试验（尝试）和犯错（失败）才能冲破极限。这种要求员工不断尝试以获得成功的方式，最终使我们在同行业中出类拔萃。

我认为，如果孩子常犯一些高级错误，我们不仅应该接受，更应该鼓励他们。事实上，对专业技术的相关研究表明，在“刻意练习”的过程中，各个领域的专家都常处于不断犯错的状态，这是他们得以训练、加强技能的方式。

几十年来我一直认为，每个人都拥有独一无二的天赋，这种天赋可能与数学、科学、艺术、写作、解决问题、演奏或其他方面有关，它就在每个人的身体里面。早些年间，我只有轶事证据，但在20世纪90年代初，我读到了由心理学家兼专业技能专家安德斯·艾利克森（K. Anders Ericsson）和其他人联手开展的定量研究和实验，这些研究用充分的证据证明了，只要人们以特定的方式去学习某样东西，他们基本上就能在该领域获得任何级别的专业水平。

事实证明，艾利克森的研究不单单启发了我一人。没过多久，关于如何获得更好的表现的理论开始在全美大受追捧，由此使得一些有关该主题的书籍开始热卖，其中包括杰夫·科尔文（Geoff Colvin）所著的《哪来的天才？》（*Talent Is Overrated*）、马尔科姆·格拉德威尔（Malcolm Gladwell）所著的《异类》（*Outliers*）和丹尼尔·科伊尔（Daniel Coyle）所著的《一万小时天才理论》（*The Talent Code*）[①]。2016年，艾利克森自己终于与人合著了一本关于该主题的书——《刻意练习》（*Peak*）。这些书分别从不同角度解答了如何获得专业技能，虽然这些书因人才、成功和专业

① 本书中文简体字版已由湛庐文化策划、浙江人民出版社出版。——编者注

技能等引人注目的词而畅销，但是本质上，这些书都是在讲学习，而我的目标就是去弄清楚，如何将这些书中的理论应用在接受基础教育的孩子们身上，他们可能不需要达到世界一流的水平，而只需要更好的表现。

艾利克森针对专家级水平的研究得出的结论是，我们经常称之为“天赋”的才能，实际上是源于练习。虽然这听上去像是明摆着的事，但诀窍在于，这不是常规练习，而是刻意练习（这个概念因《异类》的宣传而大热）。刻意练习与“死读书”那一套或记忆训练不同，那些练习的有效性都非常有限。艾利克森解释说，想要使之有效，所需的是反复尝试超越现有水平，要从每次失败中学到一些具体的东西，而且难度要递增——就像玩电子游戏那样，有多层次的挑战。像这样刻意练习足够长时间（据研究，大约需要一万小时左右），就极有可能在特定领域达到专家级水平，如果练习者天生就比较擅长这个领域的话，可能性就更大了。

艾利克森的开创性研究使得上述众作者在他们的书中，大量罗列各种名人逸事，从莫扎特到迈克尔·乔丹，向众人展示了，这些人并非与生俱来就拥有天赋或者天资，而是通过学习、刻意练习才获得的。在谈及学生的动机和学习潜力时，这意味着我们应该假设所有学生都有能力学习任何东西，而提升注意力的最佳方式就是改进教学方式。这一路上，也将会有很多可贵的失败。

关键要素 4：坚毅的性格

第四个关键要素是坚毅的性格。请家长、老师和领导者记住，虽然失败是进步的垫脚石，但接受和处理这些失败所需的毅力同样重要。正如温斯顿·丘吉尔所说：“不懈努力，而非力量或智慧，才是发掘潜力的关键。”

无论我们称之为坚持、毅力、愈挫愈勇还是坚毅，我认为，确保每个学生都拥有这种态度，并能找到方法加以稳固，是重塑教育的关键点之一。

安杰拉·达克沃思（Angela Duckworth）是一位心理学家，也是宾夕法尼亚大学的教授，她的著作《坚毅：释放激情与坚持的力量》（*Grit*）广为人知。达克沃思的研究并没有将重点放在智力与成就之间的关系上，而是放在了个体存在的其他非认知性差异上，着重研究这些差异是否与成功的关系更加紧密。这导致她把注意力转向了“坚毅”。

正如达克沃思所定义的，坚毅，是一个人坚持不懈地追求长期目标的能力。达克沃思研究了常春藤学校在校大学生的平均学分绩点、西点军校“野兽营”中的留存率以及全美拼字大赛的排名情况。她证实，对于预测长期成功，智商和其他标准化测试确实不是最佳指标。在所有指标中，坚毅最能预测一个人未来是否成功。达克沃思总结说：“要想在艰难的目标中取得成就，不仅需要天赋，更需要持之以恒、集中精力地运用自己的天赋。”这意味着，对于预测成功，较之任何只给出一个分数的测试而言，毅力是更好的预测指标。

达克沃思的研究结果引出了一系列问题：坚毅的品格是天生的吗？是由我们与生俱来的遗传特征决定的吗？还是可以后天培养？尽管在这个话题上有一些争议，但达克沃思正在致力于证明这种品格可以后天培养，有几项重要研究也在试图证明这一点。

这是个好消息，但我觉得我们应更多地关注动机所能起到的作用。

正如基因根据环境不同而表达不同一样，坚毅这类性格特征也会随环境的变化而变化。关于坚毅，我认为它取决于一个人实现某个特定的目标的动机有多强，以及根据自我决定论，他们为什么要实现这个目标。

在教育领域，我们经常听到人们谈及成就差距。成就差距是指，通常按照种族和家庭的社会经济地位所划分的学生群体之间一直存在较大的学习成绩差异。我们没有听说过的是动机差距，即我认为在那些学习积极性很高的孩子和学习积极性很低的孩子之间存在的差距。有很多学生缺乏内在动机，但这并不意味着他们不能取得高层次的成功。这只是意味着我们必须找到其他方式去激励他们。托德·罗斯的动机之所以被调动起来，是因为他的良师益友们一直相信他，直至他也开始相信自己。蒂芙尼的动机之所以被调动起来，是因为别人惊艳于她的才华，并公然质问她为什么不利用这些才华。还有很多人的动机都是自发调动的，就像我最小的儿子乔丹那样，在学习旅途中，他们的自主性一下子就点燃了，有时候原因会让你想都想不到。

例如，2001 年，乔丹上十年级的时候，有一天他放学回家对我说："我得做一个科学项目作业。"我问他想做什么，他回答说："我一直在阅读关于畸形青蛙的文章，畸形青蛙于 1995 年首次被发现，现在美国已经有 32 个州发现了这种青蛙的踪迹。我对造成畸形的原因真的很感兴趣。"我提醒他说，他的老师也不知道畸形的原因，而且，图书馆里很可能没有任何一本书，甚至没有任何一篇科学期刊文章与之相关，但他毫无退缩之意。

乔丹开始做一些研究，发现有三种理论可能解释畸形的原因：臭氧层耗减引起紫外线辐射增强；农药流入青蛙栖息的池塘；受某种寄生虫的感染。乔丹说他要给那篇他之前读过的关于寄生虫的文章作者发邮件。"我得看看我能从哪弄到一只这样的寄生虫。我要提取寄生虫的 DNA，并将其与已知参与肢体生长的蛋白质进行比较。”他知道一个网站，在那上面提交DNA 序列就能获得相关信息，例如序列是否存在，是已获得专利的序列还是公开的序列，该序列和什么同源。

不久之后，乔丹得到了那位教授的回复。那位教授是纽约州霍威克学院的斯坦利 · 塞申斯博士（Stanley Sessions），他看到一位高中生对他的工作如此感兴趣，甚至写信和自己联系，似乎非常高兴。塞申斯说：“在俄勒冈州波特兰市附近有一个池塘，里面有感染了寄生虫的蜗牛，我可以带你去看。”塞申斯教授答应与乔丹在俄勒冈州见面，随后，乔丹就动身上路了，带上了数码相机和 iBook 笔记本电脑，准备收集记录一切可以帮他完成科学项目的材料。

乔丹了解到，导致宿主畸形的寄生虫寄居在蜗牛身上。于是，他和塞申斯教授将一些蜗牛和干冰打包在一起，然后飞回了纽约。在电子显微镜下，他们看到了寄生虫从蜗牛身体里爬出来。塞申斯教授向乔丹展示了如何提取和扩增寄生虫的 DNA，然后，乔丹将 DNA 序列提交给了那家网站。网站给出的报告证实，该寄生虫的 DNA 与某种已知参与肢体生长的蛋白质有 98% 的同源性。乔丹记录下调查结果，将这种情况形容为“类似于恐怖分子进入飞机驾驶舱，赶走飞行员，将飞机开往一个完全不同的方向”。

乔丹的项目在高中科学博览会上获了奖。几周后，斯坦福大学杰出的生物信息学专家道格 · 布鲁特拉格（Doug Brutlag）与他取得联系，问他是否想在斯坦福大学过暑假，继续之前的研究。“不了，”乔丹以一种就事论事的口吻告诉他，“我暑假要打篮球！”在那之后不久，我在飞机上读《今日美国》时，看到一篇文章说，耶鲁大学获得了 260 万美元的资金，用以研究畸形青蛙。但乔丹，这个 16 岁的小家伙，已经在互联网上公布了他的研究成果。

在发表演说时，我喜欢用这个故事来说明主动性在挖掘潜力中的重要作用。乔丹的自我驱动性很强，我所需要做的就是不去干涉，并在他需要时，做他内在自主性的支持者。并非每个孩子都跟乔丹一样能自发主动，但是，每个孩子的学习动机都可以以某种方式调动起来。好消息是，总体上我们知道哪些方法对于提高孩子们的动机是有效的，但对于在提升动机时如何因人而异，我们还有很多要学习的地方。

谈及动机，**重塑教育意味着帮助孩子发现最佳效应点，鼓励和培养他们对学习和自我决定发自内心的热爱，并相信他们可以成为任何想要成为的人，做成任何他们想要做的事。这将使孩子们更自信、更坚毅、更主动，并最终更善于学习。**

给学习者的启示

1. 教育的终极目标：调动学习者的内在动机，使其主动学习。

2. 提升内在动机的四个关键要素：①自主选择；②正确看待失败；③刻意练习；④坚毅的性格。

技术解锁教育

从千人一面，到千人千面

栗浩洋

因材施教，还是标准化流水线教学？

三千年前孔子提出“因材施教”，这出于他对两个学生截然不同的教育方法：他鼓励一个犹豫不决的学生大胆尝试，而劝另外一个莽撞好胜的学生多多请教，三思而行。

三千年后，在我们的课堂上，老师针对不同性格、不同知识水平、不同学习能力的学生，却使用统一的教材、讲解统一的内容、采用统一的进度。因为没有足够的老师可以进行一对一授课，所以我们不能采用因材施教、因人而异的教学，而是采用流水线作业的方法把学生当成标准化产品去生产。

而实际上，每个孩子不但身高、体重、五官各不相同，他们的大脑内在的差异比外在的还要大！把他们放在流水线上，用相同的模子压制改造成统一的“机器人”，是对不同的精神和灵魂的摧残。

小学一年级时，孩子们的成绩绝大多数都是八九十分，但是到了五年级，就变为 60 分到 90 分的差距，到了九年级，则成了 30 分到 90 分的差距。这部分逐渐落后的孩子，就是内在伤害一年又一年积累后造成的！而我们没有看到的更大的伤害，是孩子自信心受到的打击、学习兴趣遭到的破坏和重压之下对人生产生的绝望，以致厌学、沉迷游戏、抑郁、逃避、暴躁、对抗……

"一步跟不上，步步跟不上"，说的就是从学习到人生的状态。在标准化教育当中，一年级的孩子起步相同，但是有些孩子可能 100 个知识点中有 20 个没有听懂，所以成了 80 分的学生。这就像在盖楼，这幢知识大厦的第 1 层的 100 个柱子有 20 根是断的，那么盖到第 2 层的时候，如果有些知识点正好建立在第 1 层的知识点之上，就一定会一脚踏空陷下去，所以一层层盖起来，塌陷的面积越来越大。比如五年级没学会平行线的定义，在六年级学习平行四边形的时候，无论如何都不可能理解。所以有些孩子在盖到第 9 层的时候，由于每层都缺很多柱子，他的认知越来越摇晃和混乱，最后就全部崩塌了……

美国教育家布鲁姆认为，每一个孩子都可以成才，都可以学会应该学会的知识。只要我们的教育方式是个性化的，而不是标准化的。

相信后天可以塑造一切

除了教育标准化的问题之外，现在国内的教育领域最容易让人扼腕的是两个错误的观点：一是"寒门再难出贵子"，二是"我家孩子没有这个基因”。

综观历史，我们看到很多成就显赫的人出自寒门，而且众多天才和富有成就甚至被认为有天赋的人，他们的上一代并没有任何突出的基因。

在中国，两个天才少年与寒武纪诞生的故事也许会给我们更多的启发。

寒武纪是一家专注于研发人工智能处理器的公司，研发出了全球首个能够深度学习的神经网络处理器芯片，改变了中国芯片领域长期空白的历史。这家公司的主要投资机构包括阿里巴巴创投、联想创投、中科院等，成立不到两年估值已近140亿元。

随着寒武纪的窜红，公司的两个创始人也引起了大家的关注。他们是亲兄弟，哥哥陈云霁1983年出生，9岁就进入了南昌市第十中学读书，14岁考入中国科学技术大学少年班。2002年，19岁的陈云霁进了中科院计算所硕博连读，成为当时国产芯片“龙芯”研发团队中最年轻的成员，24岁便取得计算机博士学位。弟弟陈天石比哥哥小两岁，几乎重走了一遍哥哥走过的路，从中国科学技术大学少年班一步步踏入中科院计算所。大家都会认为两兄弟一定是神童，但其实他们的父母也是普通人，父亲是电力工程师，母亲是历史老师。

在两兄弟的成长过程中，父母的教育与成长的环境发挥了很大的作用，但是也离不开他们自己的刻苦。父母虽然经常鼓励他们，却很严格，两兄弟平时贪玩会挨打、进步太慢会挨打、考试哪怕错了一道题也会挨打。用两兄弟的话说，自己家就是“棍棒教育”的典型。在反对打孩子的同时，我们应该看到严格要求在教育中起的作用。世界冠军的教练，应该也都是严苛的。

只有神童才有未来？

20 世纪上半叶，美国公众对神童的追捧达到空前高度，神童像电影明星、工业大亨、体育冠军一样被媒体追踪报道。《天才儿童预示着奇迹的一代将创造更为繁荣的世界》，1922 年美国纽约的一家报社如此报道。报纸也会刊登《如何分辨你的孩子是不是天才》等文章。

美国的“神童热”大约在 1926 年达到顶点，美国作家、讲师维妮弗蕾德·萨克维尔·斯通纳（Winifred Sackville Stoner）希望将这些小天才集合到一起。于是她创建了一个名为“天才培养联盟”（The League for Fostering Genius）的机构，她自己的女儿小斯通纳就是一个神童，她希望能提供一个让这些神童结识的平台，并把他们介绍给富有的资助人。在接受《纽约时报》采访时，斯通纳表示：“对于富人们来说，这会是最佳的投资选择。”

天才培养联盟的成员包括：20 多岁的威廉·詹姆斯·西迪斯，12 岁的伊丽莎白·本森，12 岁的娜塔莉亚·科瑞恩，以及小斯通纳。这些学生在年少时就考入了全球知名大学，在数学、文学上都各有所长，远远超出了同龄人的水平，然而，他们成年后的人生轨迹、成就，却与儿时的天赋相去甚远。

西迪斯 1898 年出生于美国纽约市，父亲是心理学家，母亲是医学博士。西迪斯在婴幼儿时期就展现出了惊人的语言和数学天赋。在 18 个月大时，他就能阅读《纽约时报》；在 3 岁时，他自学了拉丁语。西迪斯8岁上高中，11岁被哈佛大学录取。

在哈佛大学数学俱乐部，他曾做过主题为第四维度的讲座，这是西迪斯名气的顶点。

后来，他偶尔教课，花部分时间在法学院学习。1937年，《纽约客》杂志曾发表文章《他们现在在哪？》(*Where Are They Now?*)，追踪当年一些神童的踪迹，其中就包括西迪斯。根据文章描述，西迪斯住在波士顿破旧街区的一间小屋子里，表示“一看到数学公式就恶心”。1944年，西迪斯因脑溢血去世，终年46岁。

伊丽莎白·本森的智商测试曾经达到214分以上，成为当时有记录以来的最高分，她成功地回答了每一个问题，直到考她的人没有问题可问。

她的母亲奥斯汀是一名记者，写过很多流行的推理小说，比如《桥上的谋杀》(*Murder at Bridge*)、《复仇鹦鹉》(*The Parrot's Revenge*)。3岁时她就自学了拼写，13岁时她成为纽约市的大二学生，这一年她出版了自己的书籍《更为年轻的一代》(*The Younger Generation*)。当时的《名利场》杂志主编弗兰克·克罗宁谢尔德为本森的这本书写了前言，他赞扬了本森出色的写作技巧。

然而大学毕业后，本森从1930年起就消失在了公众视野中。4年后她再度出现，一名记者发现她住在纽约的一间小公寓里，已经结婚了，做着出纳员的工作，当然这份工作和文学已经没有任何关系了。

其他两个孩子，科瑞恩10岁时就已经是全美闻名的诗人，青少年时期结束时，已出版了至少6本诗集和两本小说。小维妮弗蕾德在9岁那年就通过了斯坦福大学的入学考试，到12岁那年，她已经会说8国语言，此外，她还会弹奏小提琴、钢琴、吉他和六弦琴。她的母亲斯通纳更自封为教育专家，出版了好几本关于她如何抚养出神童女儿的书，并且到处做讲座宣传她的教育理念。

多年后，科瑞恩成了大学教师，30岁后，她几乎没发表过任何文学作品；而小斯通纳却因混乱的私生活，而非艺术成就而出名。

四个吸引世界目光的天才神童最后归于沉寂，他们都有着良好的家庭背景，超高的智商。且不论这些孩子是从小早期教育造成的天才，还是天生异于常人，总之他们到最后反而不如更多用心受教育、不断自我提高、要求突破的人的成就更高。

刻意练习，教育改变命运

在香港特别行政区第四任行政长官梁振英的小时候，做警察的父亲在山顶和礼宾府当差，每月薪金只有300多港元。这样的收入要养一家五口人，难免捉襟见肘。为了贴补家用，家里人去附近的胶花厂领胶花物料回家加工挣点钱，梁振英三兄妹都要参与其中帮忙。

当时梁振英9岁，下午到学校上学，其他时间则要干活。要么背着几十公斤重的材料往返家里与工厂之间，要么与家人一起做胶花，每月挣取300多港元。此后，他进入英皇书院读初中。梁振英赴英国留学时，为了赚取学习生活费用，他每周到快餐店打工三个晚上，每次六个半小时，回到宿舍时往往已经凌晨。

1977年，梁振英以全班第一名的成绩从英国布里斯托理工学院毕业回港。当时，他获聘香港一家英资企业，成为该企业200年来最年轻的合伙人。1993年，梁振英测量师行成立，2006年梁振英测量师行与在英国上市的戴德梁行换股，梁振英成为戴德梁行最大的个人股东、亚太区主席。

2012年梁振英成为香港特别行政区第四任行政长官。

其实，在我们的身边也可以看到许多案例。有些孩子先天不如人意，后天却通过努力获得人生逆转。那种认为一个孩子从小就不太聪明或者先天条件不好就注定平凡的想法，是大错特错的。

我一直坚信，后天可以塑造一切，只要教育方法得当，每一个孩子都能够成为不同领域的精英。从种种案例中我们也可以看到，其实天才或者精英的塑造，更多的是意愿乘以刻意练习的结果。

解决家庭困境、渴望出人头地，是个人的主观意愿。而持之以恒，无论是主观的，还是像柯洁、郎朗、周杰伦、陈氏兄弟、达芬奇、特斯拉等父母强迫的，最终证明了刻意练习的效果和一万小时定律。

所以，每一位父母都请不要放弃对孩子的要求和培养，让他们建立梦想，塑造坚毅的性格，不怕挫折和磨难地向着成就未来而不断地努力；每一位老师和教育工作者也请不要小看任何一个孩子，要去发现他们的兴趣和优势，然后用心地培养每一个孩子不同的特长。

“哪里不会学哪里”的智适应教育

我相信，教育应该是个性化的，每个孩子都能成就非凡。但现在，我们看到中国的孩子学得很苦，比欧美学生多花几倍的时间成绩却仍旧不如别人。中国大学的学术水平也和欧美有巨大差距，更不用说在文化艺术上较量了！不仅如此，全球最尖端的科技几乎都是欧美人发明的且被欧美人垄断了技术，创立和运营国际化品牌的公司中有 90% 也都是欧美公司。这是为什么呢？

认知阈值理论诞生于 50 年前，影响深远，也指出了问题所在。布鲁姆认为，每个孩子应该在最早期就花费必要的时间，针对自己个性化的知识漏洞进行学习。老师不应该统一教学内容和教学时间，而应该让每个孩子根据自己的薄弱点和学习能力，用不同的时间去突破自己的认知阈值，即从不会到会的那个临界点。

在欧美国家的教育理念中，老师统一授课时间短，留给学生预习、复习和思考、探索的时间很长。

自适应理念的诞生更进一步阐述了个性化教育的重要性和有效性。

专注修补“残缺的柱子”

“哪里不会学哪里”。每个孩子在自己盖楼的时候残缺的柱子，要自己多花时间去学习和补足，补足了才有可能在课堂上跟上老师的授课内容和速度。统一作业、统一复习、大班授课、小班补习，都是把所有的柱子加固一遍的做法，不但浪费了大量的时间，而且没有突破认知阈值。只有找到每个孩子不同的知识漏洞，专门定制学习方法补足漏洞，才是最快速有效的学习方法。80 分的孩子不需要补习所有知识点，不需要做所有的作业，更不需要刷所有的题目，只需要花 20% 的时间学习自己不会的。

松鼠 AI 采用了人工智能自适应技术。在松鼠 AI 的后台数据中，有一位叫做叶子铎的小朋友，他在两位数的乘法和面积相关的应用题方面表现都不错，就放弃了这两个知识点的学习以及所有与这两个知识点相关的题目，专注修补他的“残缺的柱子”，即除法的商和余数。因为小叶同学竟然都不知道余数应该比除数小。在学习的过程中，松鼠 AI 的数据分析系统发现，小叶同学对于这个知识点的理解速度很慢，远远不如其他同样是三年级也不会这个知识点的小朋友，所以，系统就给他充足的老师讲解视频、更多的时间，一直到他可以将这个知识点的所有题目做到 90% 的正确率，突破了自己在这个薄弱环节的认知阈值为止。系统视频里还可以看到，花 3 倍时间终于掌握了这个知识点之后，在做最后几道题的同时，他竟然自信快乐地一边写出正确答案，一边哼起了小曲！

可以猜到的结果是，小叶在下学期学习“含有乘除法和余数的应用题”的知识点的时候，非常顺利地通过了。如果没有之前的查缺补漏，他花 3 倍时间也不可能学会这个后续知识点。经过不到半年的学习，小叶的分数从40多分提高到了70多分。他非常自信地说，半年后一定达到90分以上！

他的父亲是中国最大的科技创业媒体总经理，在多年来看着孩子成绩下滑却束手无策之后，重新绽放了笑容。

相比标准化学习，个性化的智适应教育模式会用简单的原理让教育的效率大幅度提升。

超纳米级知识点，让学习从痛苦变简单

我一直想通过技术大幅度提升教育效率。我创造的“超纳米级知识点拆分体系”一开始就被教育行业质疑：在全球智适应教育知名公司把初中数学的300个知识点拆分成了3 000个“纳米级知识点”之后，我带领教育家团队又深入拆分成了30 000个“超纳米级知识点”。这会增加学生的负担和老师的教课成本，还是相反？

事实证明，这对于差生来说，价值巨大：比如对于“分数的加减法”这个知识点，已经拥有1 600万智适应学生的美国最大的同行公司Knewton将其拆分成为10个知识点，而松鼠AI则拆分成了100个，创造了很多前所未有的知识点定义，比如“分数连加连减的不等式比较”等。“超纳米级知识点拆分体系”最大的价值，就像松鼠AI在中央电视台录制人工智能综艺节目《机智过人》的时候撒贝宁说的那样，好比是电视的像素越高清晰度越高，相机的像素越高拍照越细腻，可以把孩子的优点和缺点、长项和缺陷发掘得清晰精准，同时将学习效率大幅度提升。比如，一个差生连“分数的连加连减”都觉得困难的时候，可以退一步到“两个分数相加”，或者

再降级到“两个同分母的分数相加”。如果是一个 7 分的孩子来读，可以给他降级到“两个同分母的分数相加，并且不需要约分”这个超纳米级的知识点，也就是不会有“¼ + ¼ =？”，因为这需要把 2/4 简化成 1/2。

通过 AI 系统给学生推送最适合他的内容，再进行个性化匹配，这样的智适应教育能够真正做到千人千面，让每个孩子未来比现在聪明 5 倍到 10 倍。这将给整个社会的发展带来巨大的价值。

让每个孩子都有一个苏格拉底 + 达芬奇 + 爱因斯坦式的老师

当下，通信已经被科技从飞鸽传书转化成微信，交通已经从步行和骑马转化为汽车、高铁、飞机，但教育在几百年来却一直没有借助科技的力量改变形态。老师仍和几百年前一样，通过备课，用嗓子、疲惫的不能放松的大脑来年复一年地传授同样的知识和批改同样的作业。可以说，老师同样是陈腐的教育体制的受害者。

在这个陈腐的体系里面，最受伤的就是所谓的“差生”，他们甚至被侮辱性地冠名了“学渣”这个词汇。可实际上，错误不在他们，而在于这个标准化教学体系。因为，在统一的教学内容和统一的教学速度之下，一旦一个孩子因为偶然的走神或者接受速度比其他孩子慢半拍漏掉了一个知识点，接下来就是越来越多的知识点跟不上、听不懂。而老师，必须要照顾中上等的学生。因为，如果按照最落后的学生的进度教，会浪费几倍的时间，而好学生学习速度快提分也快，对于被班级平均分数来考核的老师来说，时间精力和速度放在好学生身上效率更高、效果更明显。当然，比起教屡教不会的差生，教领悟力强的好学生心情也更好！所以，在老师按照中上等的八九十分的学生的学习速度教学时，所有的六七十分甚至四五十分的差生不但永远听不懂，而且会越来越绝望，甚至自暴自弃。

给每个孩子足够的时间，他们都可以创造奇迹

市值百亿美元的新东方创始人、中国创业教父俞敏洪，高中时就是一个考不上大专线的差生，但是通过3年的每天从早上6点到晚上12点的疯狂努力，他最终考上了北大，多年来激励了无数大学生“从绝望中寻找希望”！

假设不允许他花费3倍的时间学习和重考，假设所有人都要在同一时间前进，假设他第一次考试时就要和其他同学一起进大学，俞敏洪很可能就会成为一个毫不知名的大专毕业生。而同样，如果我们能够给每个孩子足够的时间，他们也都可以创造奇迹！

在俞敏洪天使投资的松鼠AI系统中，有一个比俞敏洪还差很多的孩子。他是江苏邳州人，考试成绩只有7分，是一个网瘾少年，很厌烦学习，在父母经常性的责骂下经常暴躁地顶嘴反抗。老师和学校基本上已经放弃了对他的挽救，因为觉得教育没有效果也没有可能性。结果，在使用松鼠AI仅仅半年，他就考到了57分。虽然还没有及格，但是这个成绩已经让父母和老师惊喜不已！更难得的是，他对学习的热情高涨起来，重燃了所有人的希望。奇迹背后的原因十分简单：智适应教育的原理就是在“哪里不会学

哪里”的同时，先选择最简单、最匹配的知识推送给孩子学习。对一个考试成绩只有7分的孩子来说，系统会给他推送8分的知识点的老师教学视频，5分钟的讲解很容易听懂，然后系统会给他几道8分难度的题目，他会发现竟然能全部做对了！这种开心、惊喜和征服未知领域的心情是他从来没有体验过的。这种兴奋驱使着他一点点向着9分、10分、15分进发！标准化学习中他完全听不懂老师讲课，见到每一道题目都两眼一抹黑，现在则与之前大脑发蒙的状态有了天壤之别。

薄弱学生更需要“减负”

我的司机刘涛的女儿刘婉颖，也是一个传统意义上的差生。她父亲刘涛初中就没毕业。婉颖一二年级时的成绩还是80多分，到了七八年级就一路下滑到三四十分，上了两三年的知名培训补习机构，又请了一对一的家教，也没有任何进展。眼看还有一年就要初中毕业了，但以她当时的成绩，毕业十分困难。因为对女儿的未来和前途的担忧，夫妻二人关系紧张，争执不断。

八年级结束后的暑假，婉颖用松鼠AI的实验账号学习了两个月，就在开学考试中将成绩从30多分提升到了50多分。虽然不是特别大的进步，但是对小婉颖来说，这也是特别令人欣喜的小成绩，让她看到了希望。为什么之前两年的补课都没有进步，这次通过两个月的学习就可以有明显提升呢？

传统的学习方式要把100个知识点全部学习一遍，而智适应系统的“战略优先”功能会根据学生的学习情况给他们挑选合适的一小部分知识点，作为优先的学习对象。换句话说，系统检测到小婉颖只有30分的水平，就会选择30分到50分难度水平的知识点给她优先学习，而暂时放弃100个知识点一股脑学习的方式，尤其是放弃70分、80分、90分级别的难度太高的知识点，这些内容以小婉颖当时的知识结构和认知水平是不可能学会的。这样，虽然其他学生在标准化体系里一个暑假内补了100个知识点，小婉颖反而专注学习并且掌握了20多个知识点，从而非常稳定地将成绩从30分提升到了50分的水平！

九年级上学期的期末，小婉颖在150分的考试中达到了92分的水平；在九年级期末的全市初中毕业会考中，小婉颖的语数外三科都超过了110分。用爸爸刘涛的话说，5个科目在最后一个学期内总计提升了100分。她考入了上海最好的职业高中，也就是开设有波音飞机检修专业的职高。

入学之后，我给刘涛让小婉颖继续学习初中课程的账号，刘涛也不拒绝了。女儿上职高后，相当于有了铁饭碗，平时上课也能跟得上，便觉得不需要再继续补习了。但是系统的报告指出来，小婉颖初中的知识并不牢固，其中还有20%的知识点支柱不牢固，会影响高中的学习。认真努力的小婉颖听取了意见后又在系统里补了初中的内容，结果高一期末考试成为班级前5名，还被学校作为优秀生选送到美国西雅图完成后面两年的职高学业。不但可以受到最好的全英文教学，而且毕业后可以留在美国的波音公司总部工作了！

在科技飞速发展的当下，为应对未来的挑战，我们更应该把以老师为中心的课堂翻转过来，透视每个孩子大脑中的知识掌握状态和学习能力、学习偏好，个性化地进行教学。我期待并努力想用AI让一线抑或六七线的城市里无论是富有或是贫困的家庭里的每一个孩子身边都可以有一个苏格拉底+达芬奇+爱因斯坦式的老师来给他一对一授课。

PART 2

第二部分

更新学习的操作系统

我从不教我的学生，我只会提供一个让他们能够学习的环境。

——阿尔伯特·爱因斯坦

04

目 的

从被动教育到主动学习

学习不能靠碰运气，只能凭借热情和勤奋。

——阿比盖尔 · 亚当斯

学习的三重定义

卡伦·布伦南教授（Karen Brennan）在哈佛大学教育学院教“学习、教学和技术”这门课。在第一节课上，她要求 100 多名学生每人写一句话，描述他们所认为的教育的目的。意料之中，学生们都面面相觑、困惑不已，对于他们来说，尤其是对于那些一直致力于研究教育的研究生们而言，这个作业未免也太简单了点吧！

学生们花了几分钟时间完成了作业，然后以电子方式提交。所有学生都提交了之后，由一名助教收集整理好，删除学生姓名，然后将这些答案都放到交互式白板上。

有几种答案总会以不同的形式重复出现，比如“为学生找工作做准备”“为学生考大学做准备”“教授批判性思维技能”“培养优秀公民”“帮助学生学会独立思考”。但每个班级也都会出现不少新颖、有创意的答案。

“你们发现了什么？”布伦南问他们。“每个答案都不一样。”她的学生们说。事实证明，她的每一位学生都对教育应有的目的持有不同看法。她从未收到过两个完全一样的答案。

布伦南教授布置这个作业并非是为了让学生们就教育应有的目的达成一致，而是要让他们意识到，并非每个人都持有和自己相同的观点，甚至没人和自己观点一致！这无疑让她的学生们大开眼界，因为此次经历迫使他们在第一堂课上就审视了自己的偏见、假设和先入为主的想法。我们倾向于认为其他人都持有和自己相似的看法，但事实上，即使在目标一致的人中，每个人的看法也都会不一样。在同一所学校、同一班级的这 100 多名未来的教育专家，甚至无法就教育应有的目的达成一致，难怪为全美数百万学生提高教育质量是如此困难。

虽然大多数人无法就教育目的达成一致，但大多数人都认同教育中最关键的一环是学习。一个学生是否受过良好的教育是一种观点，无法证明；但学生是否掌握了所学的知识则是一个事实，可以评估。一旦能意识到自己的偏见，摒弃偏见，转而相信每个学生都有成功的潜力，然后开始调动他们学习的动机，我们就可以进入重塑教育的下一步：将我们的注意力从广义的教育转移到狭义的学习上去。

在第一堂课上，布伦南教授除了询问学生们对教育目的的看法之外，还要求每人写一句话概括一下他们各自对学习的定义（以及对教学的定义，这一点我们稍后会讨论到）。跟教育一样，在让学生们定义教育时，她也总会收到各式各样的答案，因此，我认为我们有必要事先弄清这个词的含义。如果在字典上查这个词，我们会得到多种定义，包括“获取某方面的知识”“变得知道或了解某事物”，以及“去记住某些东西”。

我们通常所说的“获取某方面的知识”是指去学习关于某事物的知识。在这个定义中，名词“知识”指的是信息。因此，换句话说，这个定义是指去获得有关某事物的信息。对我来说，这不是学习，而是研究。就获取信息而言，这个过程可能涉及一些有效的短期学习，但没有任何迹象表明，这个过程涉及了真正的学习。

“变得知道或了解某事”基本上和第一个定义是一个意思，更多地指的是对信息进行临时检索，而非长期使用。

“去记住某些东西”是我能想到的对学习最糟糕的定义。仅仅因为能给某事物下定义，并不意味着我们对它有任何实质性的了解，而只意味着我们记住了它的定义。其中区别类似于：记忆是将静态信息存储在大脑中，而学习是理解信息的含义并掌握如何在各种情况下以最佳方式运用这些信息。记忆不是学习，如果非要将两者关联起来的话，只能说，记忆只是复杂学习过程中的一小部分。

简单来说，我认为学习过程中涉及三件事情：检索（能够找到事实）、记忆（能够记住事实）和理解（能够运用事实）。如今，技术使检索变得极为容易，使记忆变得毫无价值，只剩下理解——理解恰恰是这三件事中最关键的。学习的关键并非在于事实本身，而在于理解其内涵，以及如何加以运用。事实只是一块块拼图，而非拼好的成品。如果你还不会玩拼图，你要么可以花时间记住目前这张图中每块小拼图所属的位置，要么你可以去弄懂拼图的玩法诀窍，这样不论图案怎么换，你都能顺利将它们拼好。

每当我演讲并谈及我对于教育与学习的看法，我都会分享表 4-1，该表将两者做了比较，我认为总结得很好。

表 4-1　　　　　　　　　　　教育与学习的对比

构成要素	教育	学习
整体范式	传授	发现
社交结构	阶级式	社区式
背景	教室	世界
环境	虚拟	真实
内容	固定式	开放式
功课	提供公式	提供框架
活动	消耗式和重复式	结构式和创造式
基础结构	注重管理	注重学生
评估	教师驱动	社团驱动
过程	标准化	个性化
动机	外在	内在
期望	成绩和证书	技能和经验

本·奥林（Ben Orlin）是一名教师，在职业生涯早期，他曾在十年级的三角函数课上问学生："π/2 的正弦值是多少？"他们齐声回答："1！"还有几个人喊："我们去年学的。"后来就在同年，奥林发现，"学生们甚至连正弦是什么意思都不知道。他们只是记住了一个事实"。对于奥林的学生来说，数学并不是一个通过逻辑推理和缜密思考去探索发现的过程，而是一堆毫不押韵的歌词所凑成的一首史上最蹩脚的大合唱。他发现，对于在数学课上取得优异成绩的技巧，他的学生非常清楚，奥林是这么描述的："课前 10 分钟将知识点背下来，然后课后 10 分钟全忘光。"仅凭这些学生

们记下了数学课程中一些事实的答案，我相信，任何人都不会认为他们真正“学习”了三角函数。

奥林的经历让我想起了自己在教育游戏中的经历。我们不需要理解和课题相关的任何知识，只是记住需要记住的内容，考完后立马忘掉。直到那个旋转陀螺的问题出现，才给我敲响了警钟！

一旦认识到真正的学习意味着理解各种情境下的事物，我们就会很快意识到，目前学校采用的大部分教学方式都是错的。**归根结底，重塑教育意味着将我们想让孩子学习的知识换一种方式教授给他们。教育不应继续向孩子灌输知识内容、让他们记住毫无意义的事实，而是教孩子将对这些事实的新的理解与批判和创造性思维技能结合起来，最终带领他们去发现、理解和创造新事物**。也许只是我这么认为，但这句话似乎将教育目的总结得挺好的。

让孩子的大脑自由

我发现布伦南教授课上给单词下定义的实验非常有意思，它清晰地展现了教育界中一个重要的主题：每个人都是不同的。学生、教师、家长、行政人员、研究人员以及所有其他相关人员都有着各自独特的背景、优缺点、偏见、动机、目标、梦想、观点、学习能力，甚至大脑。

约翰·梅迪纳（John Medina）是《让孩子的大脑自由》（*Brain Rules*）[①] 的作者，他花了几十年的时间研究大脑，尤其擅长将复杂概念化繁为简。

① 本书中文简体字版已由湛庐文化策划、浙江人民出版社出版。——编者注

他将自己的工作重点总结为“在工作、家庭和学校中生存和发展的 12 条原则”。梅迪纳用了大量篇幅以通俗易懂的方式解释了影响大脑的诸多因素，例如睡眠、压力、生存等，同时，他也花了很多时间来阐述大脑内部的联结。“一生之中学到的东西会改变我们大脑的物理形状。”梅迪纳还解释了所有的输入源（视觉、声音、触觉、嗅觉）是如何在神经元之间建立新的联结，从而形成新的记忆的。

“即便在面对同一件事时，每个人的大脑也会以不同的方式处理信息。”梅迪纳说。就像托德·罗斯的个体科学，从社会科学和心理学的角度阐明了每个人都是不同的，梅迪纳则通过向我们展示大脑在生理构造上的差异，证实了这种说法。“每个人的大脑发展速度不同、模式不同，没有两个人拥有相同的大脑路线图。”梅迪纳说。**所有人的大脑都有不同的联结方式，这意味着我们会以不同的方式、以不同的速度学习某些东西。这就是在教育中依靠标准化模式的最大问题——根本没有标准化（普通）的学生可教。**

那么，这在学习方面意味着什么呢？对我来说，这更证明了我们都是特别的，而且不仅仅是对于彼此而言。随着时间的推移，我们对于自己而言也是特别的。严格来说，我依然是 40 年前的我，但此时此刻的我还剩多少彼时彼刻的我呢？随着时间的推移，我的大脑已然不同，我的激情和动机也在不断变化，以及根据我在这段时间内数百万次的经历，我认为说自己已经成为另一个完全不同的人毫不为过。而且，这也绝非只有我一人。孩子们飞速成长，成年人经历的变化和孩子们经历的变化相比较起来，简直是小巫见大巫。他们的身体里不仅仅是荷尔蒙发生着变化，大脑也是！当大脑发生变化时，他们处理信息的方式（比如学习）也会随之改变。

《大脑如何学习》（*How the Brain Learns*）一文刊发于《美国新闻与世

界报道》，引起了广泛反响。该文的作者玛林·西蒙斯（Marlene Cimons）指出，幼儿的学习方式通常与青少年和成年人非常不同。在没有参照系的情况下，幼儿几乎只用大脑的海马体（负责短期记忆）和前额皮层去解决问题，比如数学或科学问题，而青少年和成年人则更多地依赖于被称为新大脑皮层（负责长期记忆）的区域。

随着年龄增长，我们不断学习新事物，参照系也随之不断扩大，我们在事物之间建立起联系，从而能够将越来越多的信息储存于长期记忆区域，而不是短期记忆。在学习时，大脑会进入超速运行状态，试图找到一些能关联得上的参照系，这将有助于我们理解这些新的信息和概念。显然，我们总是在寻找参照系，而且在长期记忆中储存的参照系越多，掌握新事物就会越容易。这不仅仅是一种物理现象。无论是听别人说话、看电影还是看书，我们每接收到一条信息，都会下意识地试图确定其背景。

试图确定关联性，不仅是我们努力理解世界的方式，而且有助于解释为什么有些人在学习某些事物时可以比别人更轻松：对于新接触的信息或者概念，他们大脑里有更多的事物与之相关联。事实证明，相较于智商的高低，学习能力可能与先前存在的经验更加相关。

教育者可以从这些发现中学到很多东西。例如，或许我们应尽量减少强迫学生们去记忆的内容，将教学重点放在设立参照系上，如此一来，在学生的大脑中就会有更多的参照系与后续的学习内容相关联。

总而言之，每个人的大脑都与别人的不同，我们也在以不同的方式和速度去学习，这就是为什么要想学习效率最高，就必须采用相关性更高、个性化程度更高的方式，即个性化学习的核心理念。

锁定学习风格，提升学习效率

个性化学习意味着为每个学生量身定制学习计划。它是一种以学生个体为对象的教学和学习方式，而不是由泰勒学派提出后一直延续至今的一刀切的方法。

事先说明一下，个性化学习并不意味着必须有 1 : 1 的师生配比，不是说每个学生必须有不同的教科书和测试，不是说每个学生都应独自学习，也不是说让孩子在家学习比送孩子去一所实体学校更好。虽然像这样的方案确实对于某些孩子可能更有效，但在面对整个教育体系时，这些方案都不太现实。让学习变得个性化，是成功教学和学习的基础，而且对于改变教育范式而言，它也是我们所知道的唯一的最佳解决方案，但我们不能将个性化与孤立混淆了。

个性化学习更有效的原因与参照系背后的道理一致——学生觉得这些课程和自己关联更加紧密。相关程度越高，学习起来就越容易。旨在提高学习效率的教育方法应该在一定程度上更加个性化，以提高关联程度，但如今实施起来最大的障碍是难以有效地大规模推行个性化学习。技术正在开始改变这种状况，最重要的是，我们正在小规模范围内利用自适应学习软件寻找创新解决方案，因此改变现状只是时间问题。

有很多方法能使学习更加个性化。我们稍后会看到如何通过技术来实现这一目标，但这章主要讲述的是心理学领域，从心理学角度来达成这一目标的话，我认为最佳方式是评估每个人的“学习风格”。“学习风格”被广泛用于几种类似理论，这些理论都基于同一种观点：每个人都在以不同的方式学习（这点已经在社会学和生物学研究中得到证实）；并且可以将这些不同的方式进行分类，以确定个体偏好的某种或者某几种学习风格。例如，你可能听说过某人被称作“视觉型学习者”或“实践型学习者”。虽然人们已经提出了各种各样的学习风格，但有三种风格的定义使用最为广泛，即视觉型（通过看来学习）、听觉型（通过听来学习）和动觉型（通过触摸或动手做来学习）。

学习风格理论的支持者认为，如果教学方法能与学生最擅长的学习风格相匹配，那么学习将取得最佳效果。在理想的课堂环境中，教师会早早摸清每个学生的学习风格，将学生按学习风格分成若干小组，然后针对每个小组以其擅长的学习风格进行教学。然而现实是，大多数教师通常都不知道学生们各自擅长的学习风格是什么，更别提有什么针对不同风格区别教学的系统了。

关于学习风格的常见理论之一被称为 VAK，是视觉（Vision）、听觉（Audition）和动觉（Kinesthetic）三个词的英文单词首字母的缩写。其他变体还包括 VAKT（视觉、听觉、动觉和触觉 [Touch]）或 VARK（视觉、听觉、阅读 [Reading] 和动觉）。VAK 模型最早由研究员沃特·伯克·巴贝（Walter Burke Barbe）及同事在 20 世纪 70 年代提出。巴贝经研究发现，大多数人如果能够以他们最擅长的学习风格来学习，这样学起来就会更容易。比如说，如果我是一个视觉型学习者，那么通过观察其他人做某事可能会让我学得更好；如果我是一名听觉型学习者，那么通过听和课题相关的有声读物可能会让我学得更好；如果我是一名动觉型学习者，那么通过坐在计算机旁边亲自动手体验可能会让我学得更好。学习风格理论的支持者指出，最佳学习方式当然是所有这些风格的组合，但如果非要选的话，每个人都是在以自己偏好的风格学习时效果最佳。

我最小的儿子乔恩，之前在学校成绩一直十分优异，直到四年级，他的成绩突然开始下滑。学校的教学顾问与他聊了一次之后给我发了一份报告，称乔恩“自私自利”，并且是个“问题学生”。我很困惑。我从来不怎么热衷于智商测试（我相信好奇心值100分！），但我这次摒弃成见，带乔恩去测了一次，结果没有发现他的智商有任何问题。后来他妈妈和我接触到一种被称为“智力结构”的特殊智力测试，我们立马又让他测了一次。这个测试测了所谓的“学习模式”，结果显示乔恩眼肌有问题，视觉追踪能力差，这导致他阅读起来比别人更困难。报告还指出，乔恩是一个“视觉、动觉混合型学习者”，这意味着他和大多数人采用的学习方式或者说学校的教学方式不同。像乔恩这类型的学生，当他们可以看到、触摸和操纵所学事物的时候，学习效果最佳。但正如我们所看到的，教育体系中授课主要针对于背记，这就使得许多像乔恩这样的年轻人遭到冷落。这次测试结束后，我们为乔恩提供了更多涉及视觉和动觉的学习机会，作为学校课程的课外补充。看着他的成绩因为这些课外辅导而成功逆袭，我心里十分欣慰。

乔恩高中辍学，最终在俄勒冈州本地找到了一所与他的兴趣和学习风格相匹配的学院继续完成学业，后来又以优异的成绩从萨凡纳艺术与设计学院毕业。如今，他拥有了自己的建筑公司。他的妹妹蒂芙尼在发现自己的“最佳效应点”后取得了成功，而乔恩也在确定了自己的个人学习风格之后迎头赶上。

观察乔恩的经历，让我后来逐渐认识到，学校的教学方式与学生想要和需要的学习方式之间存在巨大差异。特别是对于有学习障碍或独特学习风格的青少年而言，大部分学校课程都意味着一系列难以跨越的障碍。现有教育体系一直未能帮助孩子发掘他们的潜力的主要原因之一，就是因为它不能识别每个人的独特之处，包括学习风格。我们已经认识到每个人的学习方式都是不同的，而想要在教育上有所改变，就必须将这种认知利用起来，使学习更加个性化。

还有一个值得关注的与学习风格有关的重要概念，被称为“多元智能理论”，该概念由心理学家兼作家霍华德·加德纳（Howard Gardner）[①]在他1983年出版的《智能的结构》（*Frames of Mind*）一书中提出。这一理论质疑了通过某种标准化测试（包括智商测试）来检测某类智能的观点。加德纳认为，人不是只有一种智能，而是拥有八种不同的多元智能，他的理论还质疑了一个常见但错误的观点，即每个人都可以用相同的方式来学习相同的概念。正如加德纳指出的那样，“相信人们只有一种智能就好比假定有一台万能中央计算机，人类在各个方面的表现都由它说了算。相较而言，相信我们拥有多元智能则好比假设我们有一系列相对自主的计算机，有处理语言信息的，有处理空间信息的，还有处理音乐信息的，等等”。不论是从学习风格的角度、智力类型的角度，还是两者兼而有之的角度来看问题，当我们试图更好地影响和教导学生时，最重要的是，我们必须摆脱“自己教授的是一整个班级”的错误观念，而应明白自己教授的是一个个单独的个体，孩子们只是恰巧坐在同一间教室里而已。

一旦我们更好地了解了学生的学习能力，了解了个性化学习在满足他们的需求方面所能发挥的作用，下一步就应该开始寻找他们认知的最佳效应点了。最近发展区（Zone of Proximal Development）是由心理学家利

① 世界著名教育心理学家、“多元智能理论”创始人，其重磅著作《多元智能新视野》《领导智慧》《智能的结构》中文简体字版已由湛庐文化策划、浙江人民出版社出版。——编者注

维·维果茨基（Lev Vygotsky）在20世纪30年代提出的学习理论。该概念提供了一个角度去观察学习者自己能独立完成的事情和他们需要帮助才能完成的事情之间的距离。最近发展区常用三个同心圆来表示不同的学习“区间”。最里面一圈是舒适区（一个人能完成的事情）；中间一圈是成长区（学习多数发生在这个区间）；外面一圈是恐慌区（在没有帮助的情况下，人们还不能独立完成的事情）。我们的目标是让学习者进入并待在他们的成长区中。

与之前讨论的动机最佳效应点相似，最近发展区属于一种认知最佳效应点，根据维果茨基的说法，在这个区间学习效果最佳。这两个最佳效应点的目标都是帮助学生找到他们各自的认知最佳效应点。如果学习内容太简单或者太难，都不适合，所以我们的目标是找到每个孩子的最佳学习区间，使学习内容更具针对性。

协作学习，同伴互助解决问题

一些效果最佳的学习不仅仅是个性化的，还是协作型的。1990年，埃里克·梅热教授（Eric Mazur）已在哈佛大学任教了7年，他在课堂上提供的讲解和演示清晰明了、精彩纷呈，他的入门物理课程中大多数都是医学院预科学生和工程学学生，学生们对梅热教授好评如潮。但他还是发现，他觉得自己是一名成功的教师的念头只不过是“一个彻头彻尾的幻觉，一个白日梦”。

梅热有此顿悟，还要“归功”于亚利桑那州立大学的教授戴维·海斯特内斯（David Hestenes）在《美国物理学杂志》上发表的一篇文章。戴维设计了一个非常简单的测试，通俗易懂，用于检验学生对物理学基本概念“力”的理解。他对美国西南部几千名本科生进行了测试。令人惊讶的是，结果显示，入门课程学完之后，学生“跟没学没什么两样。学了一个学期的物理学，他们依然持有在学期开始时所持的错误观念”。

戴维解释说，学生们在处理方程式和公式方面有进步，但在理解“这些东西的真正意义是什么时，他们基本上回到了几千年前的亚里士多德逻辑”。例如，他们能背牛顿第三定律并将其应用于数值计算，但当被问及实际问题时，就束手无策了。在被问及重型卡车与轻型汽车撞车时，许多人坚信重型卡车会产生更大的作用力（事实上，物体的重量与其产生的作用力无关）。

梅热让自己的学生也进行了这个测试。考试一开始，就出现一个不妙的兆头，一名学生举手问道：“我该如何回答这些问题？是根据你教的还是我自己平时的观点？”结果令梅热十分震惊，这个简单的对概念理解的测试表明，学生们并未掌握他在物理学课程上教授的基本概念：其中 2/3 的学生都属于现代亚里士多德学派。

“那真是一个令人沮丧的时刻，”梅热说，“我难道不是一个好教师吗？是不是我班上有些学生太笨了？或者测试本身就有问题？这难道是个骗人的测试？承认问题出在自己身上真的很难。”

“我做了一件我在教学生涯中从未做过的事。我说：‘不如你们互相讨论讨论？’”在这个故事首次出现的文章中，梅热这样描述说：“当 150 名学生开始两人一组讨论这个难题时，整个课堂立马一片嘈杂。”

“场面一度非常混乱，”梅热说，“但在 3 分钟之内，他们就讨论出了结果。这令我非常惊讶，我刚才可是花了 10 分钟试图解释这一点。但学生们都说：‘不用了，我们已经掌握了，继续接下来的学习吧。’”

“事实上，”梅热继续说道，“当一个学生已经弄懂了而另一个学生还没弄懂时，第一个学生更有可能说服第二个学生，而因为第一个学生已经弄懂了，他们则很难被另一个没弄懂的学生说服。”更重要的是，相较于教授而言，同学之间更能相互影响，这才是问题的关键。“假如你是学生，最近才学习这个知识点，所以你知道难点在哪里，因为不久前，你也是花了很多精力才搞懂这个难点。”梅热在他 17 岁时也花了很多精力才搞懂这个难点，但他早已不记得当时费了多少力，他早已无法摸清初学者面临的问题到底在哪。

这种创新的学习方式逐渐发展为“同伴教学法”，或称为“互动式教学法”，该教学法已经远远超出了物理学的教学范畴，普遍应用于全美各个学校。近年来，梅热在世界各地举办了近百场讲座。2012 年《哈佛杂志》（*Harvard Magazine*）上有一篇关于该教学法的文章，梅热在文中解释说：“学生在解决课本式的问题时表现很好。他们可以运用许多技巧和公式，但那是通过生搬硬套来解决问题的。而简单的应用题就会让他们毫无头绪，因为这种问题要求学生真正理解公式背后的概念。”

梅热在文章最后展望了未来。“教师的任务是与学生合作，采用标准本位的多学科内容，将其与当今世界发生的事情联系起来，并将其转化成学生在社区中能亲身参与的体验。”

如果学生终将进入职业生涯，他们就必将面临解决实际问题，那么，还有什么比主动模拟现实更好的方法能让他们早做准备？通过提前练习，他们在开始工作时，大脑早就习惯于处理实际业务问题好几年了。

一旦明确了正规教育的目的，对学习、关联性、多元智能和学习风格有了更深层的理解，并且能使个人学习体验和协作学习体验更加个性化，那么，现在就是时候开始通过设计学生们的学习空间（包括物理空间和数字空间），来保证上述种种理论运用到实践中去。

给学习者的启示

1. 学习过程的三个阶段：①检索（找到事实）；②记忆（记住事实）；③理解（运用事实）。

2. 教育的关键任务：将我们想让孩子学习的知识换一种方式教授给他们。

05

场　景

从一对多的学习到实践学习

如果你想设计一个大脑天生抵触的学习环境，你会设计出一个教室。

——约翰·梅迪纳

在参观了全世界数百所学校和教室之后，我发现大部分布置和空间设计与很久之前相比依然没有什么变化，教室里的授课和学习模式似乎也没变，这让我感到非常惊讶。学生们安静地坐在一排排整齐的课桌前，授课老师站在教室前面的讲台上。但正如之前看到的那样，没有标准化的学生，因此他们也不应该被迫坐在标准化的教室里，学习标准化的教材，参加标准化的考试。数字原住民渴望参与、社交、分享和创造与他们的生活相关的事物，但往往无法获得专门的学习环境，使他们能做这些事情。为了让他们能在教室里自由学习，在数字学习空间里自由翱翔，我们必须努力做得更好，确保自己在有目的性地建设这样的学习环境。

教育未来学家戴维·索恩伯格（David Thornburg）在《赛博空间的营火》（*Campfires in Cyberspace*）一书中描述了三种主要学习空间：营火（为一对多的学习模式而设计）、水源（为多对多的学习模式而设计）和洞穴（为一对一的学习模式而设计）。与其另起灶炉，还不如跟你分享我对索恩伯格学习空间的理解。我还在此基础上添加了第四空间：山顶（我用这个术语已经好多年了，最近才了解到索恩伯格也增加了类似的第四空间——生活）。从我的经验来看，学习效果最佳的学校和教室都包含了上述这些空间的某种形式。

营火：一对多学习模式

索恩伯格对学习空间给出的第一个比喻是营火。众所周知，讲故事是与其他人分享信息时极具影响力的方式之一。无论听众是否会记住故事内容，他们都可能在余生中记住这些生动故事中最深刻的寓意，然后“新瓶装旧酒”地继续向下一代讲述这个故事，只不过换成了他们自己的版本。有史以来，听故事和讲故事的最佳场所就是围在营火旁边，父母、祖父母和营地领队都曾通过糅杂着虚构和真实的故事来分享他们的智慧。

营火是一对多模式的一个例子，通常是一个人同时对很多人说话。正如索恩伯格指出的，在过去的一个世纪里，一对多模式一直是学校使用最广泛的学习空间形式。在这种形式中，某位老师一边在教室里劲头十足地走来走去，一边向学生讲课，或是某位嘉宾分享他来自现实生活的智慧，使理论变得生动起来。如果方式恰当，一对多模式也能取得良好的效果，但学校大部分情况下都在使用错误的方式。

教师站在讲台上像根木头一样用单调的声线讲课，学生们在讲台下面昏昏欲睡，这也是一对多模式的一种形式，但这可不是营火！我认为，重要的并非分享的内容，而是分享的方式。要想有效地传达信息，重要的不是信息的内容，而是传达的技巧，并且要用一个好故事来包装信息。美国教育部于 1987 年做了一项影响力颇广的研究，该研究得出结论称：“即使学习动机小、学习能力弱的学生也更愿意在讲故事的环境中听、读、写，并更加努力。”

当讲完故事，提出故事结尾的反问时，如果课堂环境设计能在物理空间上模拟真正的营火，故事的影响力可能会更强。

例如，不要将课桌一排排地摆放，而是将它们围成圈（要么围成一个大圈，要么围成几个小圈），这样学生们之间的交流会更多、更顺畅，并且每个人都可以看到彼此，这样可能会更好。

如今，技术使得人们能以数字和虚拟方式体验以学习为目的的营火。举个例子，我们可以通过 Skype、iChat Video、iTunes U 或 YouTube 现场直播等方式进行视频会议。在马萨诸塞州坎布里奇的鲍德温小学，学生们通过 Skype 定期参与线上营火，工程师、科学家和畅销书的作者们即使身处世界的另一端，也能和学生们聚在这里分享知识和经验，进行实时问答。

重塑教育并不意味着完全摒弃像一对多这样的传统教学方法；而是意味着确保在用传统方法教学时，能够吸引学生，而不是让他们昏昏欲睡。

水源：多对多学习模式

营火是指一个专家与多个学习者分享信息的学习空间，而索恩伯格的第二个比喻——水源，则是人们聚在一起，以对等的方式彼此分享协作的空间。这种场合可以是正式的，也可以是非正式的。例如，你可以回想一下，人们在工作中常遇到的各种分享信息和想法的场合。茶水间甚至复印室都属于这样的场合。我在惠普工作时，公司大厅里专门设有这种区域，在早上还提供咖啡和甜甜圈，目的就是为了增加员工之间的交流。工程师、设计师和其他来自各个部门的团队成员每天早上在此碰面、聊天，不仅会闲话家常，还会讨论手头的工作，分享观点和想法。苹果公司每个周五下午会举办啤酒狂欢会，也是为了促进员工彼此之间的交流。

水源之所以如此重要，是因为在这里，拥有不同背景、观点和个人经历的人们能彼此分享看法和想法，从而形成多样化的观点，这一点则是一对多模型中所欠缺的。

在教育领域，专门设计用于激发学生们彼此协作的这类水源几乎不存在。即使在午餐时间，学生们通常也只和朋友坐在一起聊天，除了不聊学习，其他什么都聊。在大学里，我们常看到图书馆较低的楼层被用作水源；但在基础教育学校中却很少见，学生被禁止在图书馆里说话，这恰恰与水源应有的状态背道而驰。

关于水源，大学和基础教育学校之间的另一个区别在于，对协作所持的观念不同。大学里不仅会鼓励学生们协作，而且通常协作是必需的。而在我高中时，协作算是作弊。每次布置的作业都是单人项目，没有例外。随着人们逐渐接受团队项目和团队合作的价值观，这种情况开始有所改变，但在我参观的许多教室中，“学生各做各的”的心态依然存在。这种做法无法帮助孩子今后在现实世界中取得成功，因为不论是在大学还是工作场合，都需要协作和分享。

虽然可以在学校以外去鼓励和创建非正式的水源，但如果学校将其纳入正式组成部分的话，它们将成为更有效的学习空间。大多数孩子不会认为待在学校里很有趣，而那些认为学校生活有趣的孩子们通常都会说，有趣之处在于和朋友碰面、聊天、一起玩耍，认为学校的乐趣在于学习的孩子少之又少。要改变这种现状很难，但可以改变的是我们如何设计学习过程，使学生们在学习过程中拥有更多交谈的机会。

我们没有什么理由不能将水源直接建在学校教室里。我见过一些设计极佳的基础教育学校和教室，都有意为学习者打造了水源，并且要求学生在此：（1）分享自己在当前课程中的独立发现；（2）以小组为单位进行探索和发现；（3）获得别人的反馈；（4）身兼学生和教师两职；（5）善于利用技术设备。

数字水源日益盛行，最近更是呈燎原之势，不论是像Facebook、Tumblr或Snapchat这样的社交网站，像维基百科和Reddit这样的众包网站，像苹果公司的iWork和Google Docs这样的共享办公软件，还是像《魔兽世界》这样的多人游戏，都向我们展示了人们有多想要以及需要与别人联系在一起。

洞穴：一对一学习模式

索恩伯格对第三个学习空间给出的比喻是洞穴，在洞穴里，学习者有机会花时间独处、写作、编程、研究、学习、思考，以及反思他们从其他空间所获得的信息。洞穴的作用不在于让我们从他人身上学习或者与他人协作，而在于当我们试图理解这个世界时，抑或将新获得的信息与已知的事物整合起来时，让我们能够沉下心来，认清自己内心的想法。

多项研究表明，个体需要在学习过程中拥有元认知能力，即对自己认知过程的思考和理解，而这就需要个体花时间进行独立反思。虽然学生协作、小组活动和团队合作等可能没有得到有效落实，但教育专家经常讨论其重要性，而洞穴则是一个常常被遗忘的学习空间，很少被纳入教学空间的设计中，尽管它应受到同等重视。还有一点也需要注意，即洞穴空间并非意味着全封闭的空间，只需要有即可。

有时候在图书馆里，你可能会注意到单独放在角落里的桌椅，这就是一种公共洞穴的形式。这些座位往往早早就被占没了，很难抢得到，因为在嘈杂的公共环境中，这些座位能给人提供安静和隐私，让人得以将信息从外在知识转化为内在的理解。其他天然洞穴空间还包括人们可以独自坐坐走走的公园或小径，还包括人们可以放松和独自思考的海滩或湖边。这些都是在设计学校和教室时，应直接纳入构建的物理空间类型。我曾在澳大利亚和墨西哥的学校见过特殊设计的帐篷和教具，外观形似洞穴。在设计洞穴空间时，想象力是唯一的限制。

要想有效地利用洞穴，难点在于需要学习者花时间利用这个空间，去积极思考特定主题（通常是刚刚教给他们的知识）。如果学生觉得刚学的材料枯燥无味或者无关紧要，教师又要他们花时间独自温习，这就可能很困难。这也是所有类型的学习空间在共存时才最有效的原因。如果能以讲营火故事的方式来教授知识，让人很感兴趣，然后能在正式和非正式的水源边与朋友们进行讨论和扩展的话，那么，在洞穴里花时间独自积极思考的概率就会大大提升。

跟前面提到的其他学习空间一样，洞穴也有物理空间和数字空间两种形式。许多技术产品都会以专门的设计来增强个体的存在感，让用户通过各种方式发现自我。例如，平板电脑、智能手机和智能手表等不仅是设备，还是创建、支持数字生态系统的平台，在这个平台上，用户可以自行创造发挥。对于学生来说，这意味着可以使用 Swift Playgrounds 或 Scratch Jr. 学习自行编写和设计应用程序，或使用 iBooks Author 或 Adobe InDesign 自行编写交互式书籍。如今，学生们拥有成百上千种这类入洞穴的机会，通常都是免费的，在这样的数字洞穴里，他们只需动动手指点一点、敲一敲、划一划就可以进行创造和学习。

山顶：在实践中学习模式

索恩伯格提出了三种类型的学习空间，在此基础上，我增加了第四种——山顶。这种学习空间旨在将学习带入实践中去。试想一下，我们如何才能登上山顶？要想成功登顶，固然需要研究、讨论和反思，但最终你只有试着去攀登，才能真正知道你能否做得到。除此之外，你还得有山可登。这就是为什么对于任何课题而言，要想完全理解透彻，山本身都是必不可少的终极学习空间。登山意味着在实践中学习。

登山的意义重大，是因为其内置的反馈系统。积极尝试去做某事将会提供即时、持续的反馈，这一关键点恰恰是其他学习空间所缺乏的。从测试的角度试想一下，当我们登山时，当然就会知道自己是否学会了如何攀登。如果我们会登山，那证明学习是成功的。测试的方式就是实地考察，看我们到底会不会登山。现在我们来将其与学校的测试进行比较。在学校，我们得以知道自己是否学到知识的唯一方法是通过测试，通常是回答多项选择题。正如第 3 章所讨论的那样，标准化测试无法衡量学习效果，只能衡量一个人针对应试的记忆和学习能力。只有通过实践才能准确衡量学习效果。

在其他教育领域，错误经常受到批评甚至惩罚，即考试答错题、成绩差就会受批评，在登山过程中犯错则刚好相反，不仅会受到鼓励，而且也是必需的。正如我们在第 4 章中所看到的那样，在学习中所犯的错误，应被视为宝贵的反馈和机会，而非需要惩罚的错误。例如，在苹果公司，我们认为如果早期没有出现错误，那么就表明创新程度还不够。这种心态也应该成为教育界的常态。但是在大多数基础教育的学校和教室中，学生完全没有在现实中亲身实践的学习机会。造成这种局面的原因是多方面的，包括组织的、财务的、与领导层决策相关的等原因，但主要原因还是缺乏可以用于帮助学生学习攀登的山地空间，即创客空间、创业机会等。

数字登山也应该充分发挥其重要作用。试想一下，某个女孩试图通过 Swift Playgrounds 或 Scratch Jr. 这样的应用程序来自学编程（这两个应用程序都是专门为了教孩子们如何编程而设计的）。她几乎不可能通过听相关讲座或者阅读教材来学习编程，也无法通过与朋友讨论来学习，更没法花时间独自思考如何编程。为了学习编程，她必须动手编写代码，这意味着她将经历编程过程中所有的失误和程序错误。

当物理山地空间和数字山地空间两者兼而有之时，登山者就能攀登山峰了。一旦开始攀登，就不用怀疑，因为脚下每一步都是真正的学习，而且这种学习经历会令人印象深刻。

虽然所有这些学习空间都可以在不同的物理空间内以各种形式呈现，但我们也需要认识到，即便只有一个房间，以不同的方式去使用，也能发挥上述所有学习空间的功效。这点很重要。创造各种学习空间不需要很多房间，但需要一点创意。我想不出比下面这个故事更好的例子来解释这一点了，这个故事的主角是一位老师、电影制片人，同时也是我的好朋友马可·托雷斯，他总爱津津乐道地跟人讲述他教过的一名十一年级的学生——戴维·佩尼亚（David Peña）。

那时候，马可在教社会科学课程。戴维是一名对音乐抱有极大热情的班级新生，他当时已经是当地一支街头乐队的成员，并希望自己能有一天成为音乐制作人。秋季的一天，戴维听说了马可的电影工作室正在拍摄一部电影，并且在招吉他手为该电影录制一段插曲。由于工作室拍摄的电影中使用的都是原创音乐，因此他们经常在学校里招贤纳士。之前从未录制过音乐的戴维决定试一试，于是他去了工作室并为电影录了一段吉他曲。马可非常喜欢这段吉他曲，但当时他并没有意识到，这间小小的电影工作室对于戴维而言，是一个非传统的学习空间，戴维在这里有机会出类拔萃，而在传统的教室环境里，他总是默默无闻。

马可没有料到的是，戴维第二天又来到工作室，这次他拿来了另一种乐器，问是否可以换这种乐器录音。马可同意了，第三天，相同的事情又发生了，一而再，再而三。每次戴维出现在工作室时，都会带来一件与之前不同的乐器来录音。从那时起，戴维将大部分课余时间都花在了马可的电影工作室。在那里，不仅马可会手把手地教戴维（营火），戴维还会和其他人一起交流合作并向他们学习（水源），有时候他则会待在工作室的角落里（洞穴）独自工作。戴维待在工作室时总是兴致勃勃，马可打心眼儿里为他感到高兴。因为戴维不仅是在录音，更是在积极参与各个层面的学习。

与此同时，马可的工作室正在为该学校的学生电影制片人筹划一个重要的电影节。每年他们都会设一个特定的主题，而那年的主题是“星球大战”，旨在以模仿的形式向《星球大战》系列电影致敬。

马可知道戴维是《星球大战》的粉丝，于是问他，是否愿意用街头乐队的乐器演奏《星球大战》主题曲（反正不论用街头乐队的哪种乐器演奏，对于戴维来说都不在话下）。戴维答应了，为了练习，马可让他录另一首歌，但这次需要戴维自己将每样乐器都分别录一次。戴维之前能同时在各类空间里进行学习，这为他的成功打下了基础。如今，他又可以用他学过的东西来进行创作实践。戴维正在登山，山顶已然就在不远处。

戴维最后录制出来的这首歌成为他的重要成就之一。“这首歌非常棒，”马可说，“它听起来像是一整支街头乐队的乐手都在同时演奏《星球大战》主题曲！”当戴维开始感受到马可和其他人的尊重和认可时，他变得更加自信。“你可以想象得到，作为一名教师，看到学生像这样由毫不起眼变得光芒四射，是一件多么激动人心的事，”马可说，“找到激情，敢于发声，更重要的是，进入工作室、登上舞台、走进社团的种种机会，都为戴维的成功埋下了伏笔。”

后来，“星战之父”兼《星球大战》首部曲的导演乔治·卢卡斯（George Lucas）本人和《星球大战》的电影作曲家兼配乐家约翰·威廉姆斯（John Williams）都听了戴维创作的《星球大战》街头乐队版主题曲，并对此印象深刻。戴维甚至得以在卢卡斯的制片公司卢卡斯影业为这位传奇导演现场表演了一次。

有意识地设计、创造学习空间，并将其落到实处，是重塑教育获得成功的关键一环，从长远来看，这也将更好地满足当今学生的需求。一旦开始使用物理学习空间、数字学习空间以及现在的虚拟学习空间，我们就能为学生创造一个工作室、一个舞台和一群观众，教室将不再是传统意义上的教室，而是没有壁垒、没有障碍、没有限制的教室。我们需要去创造、提供这类的学习空间，让戴维这样的学生能够更好地学习和发展。

如今，戴维·佩尼亚已是一名成年人，他仍然在坚持表演，并实现了成为职业音乐制作人的目标。令人印象深刻的是，戴维如今在自己家里也建了一个工作室，同样是一个虚拟的山顶，他在这个工作室里录制当地其他乐手的歌，其中不乏雄心勃勃的学生。若非如此，这些学生通常很难有这么棒的学习空间。

给学习者的启示

1. 学习的四个场景：①营火；②水源；③洞穴；④山顶。

2. 营火：一对多学习场景，传统教学中使用最多。

3. 水源：多对多学习场景，松散的环境有利于分享想法和观点，形成多样性的观点。

4. 洞穴：一对一学习场景，有利于独立思考。

5. 山顶：实践学习场景，适合未来学习。

06

模 式

从项目制学习到挑战式学习

没有人会为网上能找到的答案给你付钱。他们只会付钱给你去解决那些还没有答案的问题。

——赛斯 · 高汀

让学习更像真人秀

“教育最像什么电视节目？”

“噢，这可有点难回答。”我想。当时我正站在演讲台上，面对着大约300名教师。在这黑压压的人群中，其中一位向我发问。

“这个问题提的很好。”我说，同时想为自己争取点思考时间。“我觉得这个问题的答案会因人而异。对于一些孩子来说，可能是像《全美达人》（*America's Got Talent*）或《创智赢家》（*Shark Tank*），但对于另一些孩子来说，可能更像《幸存者》（*Survior*）。”

那天晚上，我再次思考了那位老师的问题，只是这次，我想的是教育更像什么类型的电视节目。喜剧类？恐怖类？我想，答案依然因人而异。但随后我意识到，我先前给出的答案中有一个很大的问题，即我提到的全是真人秀节目。实际上，近些年来，教育越来越像是按剧本走的节目。

有剧本的节目对于参与者来说更加简单，因为他们有既定的目的地，以及去往目的地的详细路线图（即剧本）。可以说，参与者只需记住街道的名称，然后按着指示一步步来就可以了。我们能够预见他们将做什么、说什么，而他们面临的最大挑战就是记住事先提供的信息。真人秀对参与者来说则更具挑战性，虽然已有了既定的目的地，但对于如何才能抵达目的地，制作者只给出了大致的方向，并没有具体的路线图。参与者一路上都必须与其他人合作，研究如何才能抵达目的地。我们将很难预测他们将做些什么、说些什么，而且他们面临的最大挑战是在一路上不断获得的信息中去学习。在教育方面，学生们都被培养成了按剧本表演的演员，只不过是在现实的环境里表演罢了。换句话说，孩子在学校的学习中并未获得积极有益的挑战。

在 1988 年编剧大罢工之前，电视节目大部分都是有剧本的。但随着罢工的继续，电视联播网开始寻找可以播放的、无须依赖固定剧本的节目。一些真人秀应运而生并广受好评，如《真人真事》（*Real People*）和《铜锣秀》（*The Gong Show*），因此电视联播网决定抓住机会，多增加些这类节目。不到 10 年时间，观众就爱上了这种形式，如今，真人秀节目已然占据了电视台的半壁江山。

虽然大部分的真人秀节目都很糟糕，但很多人依然会觉得它们最有趣的地方在于其形式中固有的不可预测性。而在有剧本的节目中，故事的思路清晰、主线明朗，演员背台词、讲台词，导演和制片人在一旁监督，没有留给演员即兴表演或尝试的余地。

现在的教育就像剧本节目一样。学生扮演的是演员的角色（和真正的演员一样，他们通常也会竭力奋斗、疲惫不堪），老师是导演，职责是带领演员演完一些非常精确、一成不变的剧本（教科书）。这些剧本则是由剧作家（教育政策制定者）编写，并由制片人（政治家和行政官员）批准的。

教育需要加入点真人秀的形式。**真人秀中没有“演员”，只有真实的人——真实的个体，他们都有各自真实的背景、动机和才能。他们对节目中将要发生的事情有一个大致的概念，习惯在不断前行中遇见惊喜，不断学习，在彼此之间建立伙伴关系。**就跟在现实生活中一样，他们必须学会适应当前的实际形势。导演（老师）是向导而非上司，制片人（决策者）的工作是确保总体目标能够实现。在教育中，目标即学习。剧作家的工作则从编写标准化的剧本转变为创造有趣的挑战，这些挑战不是为了让演员谨遵指示、按部就班，而是旨在创造有趣的情境让演员自由响应。在教育中，还应能让学生从情境中学习。

如果教育由基于标准的模式转化成基于挑战的模式将会怎样？“真人秀对我而言，”电影导演史蒂文·斯皮尔伯格说，“意味着观众们在说：‘我们不满足于仅仅看电视，而是希望你们能发掘我们，并让我们参与到自己看的电视节目中去。我们希望电视最终是关于自己的。’”

我认为，对于学校里的数字原住民来说也是同样的道理，他们需要教师真正关注自己。他们不需要剧本来告诉自己要记住的内容，而是需要我们去发掘，去给他们创造舞台，让他们能够主演自己的节目。在我看来，正如托德·罗斯教授在《平均的终结》中所说，我们不能再试图将孩子们培养成“我们自己的更好版本”。书中还说：“我们需要跟上数字原住民身处的时代，让他们能够发现自我，我们要摒弃一种错误观念，即认为只有一条唯一正确的成功之道。”

有一档电视真人秀节目我想特别提一下。如果把教育设计成对于学习者来说既有趣又具有挑战性的项目的话，你认为应该是个什么样子？我认为这个节目就给我们提供了一个很好的概念。2003 年，一个名为《流言终结者》（*MythBusters*）的科学节目在探索频道上首次播出就广受好评，在随后的 10 多年里，该节目给全球的观众带来了诸多知识和乐趣。特效专家亚当·萨维奇（Adam Savage）和杰米·海纳曼（Jamie Hyneman）是该节目的主持人，他们的工作是通过精彩的科学实验来揭示广为流传的谣言、普遍观念和传奇背后的真相。在每个实验结束时，他们会将验证的流言定性为“流言破解”“有此可能”或者“流言证实”三种情况之一。该节目非常有吸引力，不仅是因为主持人的魅力非凡。观众对这些流言的熟悉程度（这点使得主题能让观众有很强的代入感），以及一步步通过实验揭开谜题的兴奋感，都在该节目的成功中发挥了不可或缺的作用。节目验证的许多流言都来自该节目的粉丝，这种做法不仅让观众直接影响、决定了节目的内容，还提升了观众的个人参与感。

没过多久，《流言终结者》就成为探索频道上最受欢迎的节目，老老少少到点就准时收看，看他们听说的流言是否为真。每集节目在验证流言测试之前，主持人都会展示一张手绘设计图，然后再播放一段有趣的视频，用于解释流言并阐明它的来龙去脉。整个节目都没有剧本，团队成员对他们认为将会发生的事情、将要进行的实验类型以及结果会有一个大致的预期，但是每个实验实际将会发生什么，在发生之前都是未知的。节目播出后，如果观众可以对某个实验存在的缺陷做一个很好的说明，那么团队会安排一个“旧案新解”的特辑，根据观众的反馈对一些争议突出的流言进行二次测试。有时二次测试会证明观众是正确的，主持人就会推翻原有的结论。这也正是重塑教育的关键所在：以一系列兼具挑战性和相关性的实验来颠覆或验证先入之见，通过这样一个极具吸引力、有时甚至是不可预知的学习过程，最终得以对结果有透彻的理解。

毫无疑问，《流言终结者》是一个关于学习的电视节目，即便它与传统教育几乎无关。这个节目别具一格是因为它聚焦于强调学习过程而不仅仅是结果。正如亚当·萨维奇在采访中所说："不论我们是否会完成自己设定的目标，我们都会全身心地投入实验。"当被问及为什么其他类似的科学电视节目没有像他们那样大获成功时，萨维奇说："那些节目对实验过程还不够投入。导演和编剧可能还好点，但实际做实验的人都没有真正参与到实验中去，也没有多大的热情和参与感，这点观众一看就知道。"

这些"实际做实验的人"听起来很像是传统教室里的学生。那么，对于允许失败呢？海纳曼解释说："事实上，当你看着我们做实验时，我们失败的那一刻往往会令人灵光乍现。对我而言，这会引发更多的问题。而这正是关键所在，问题非常重要。如果我们做的实验除了引发更多的问题之外，别的什么成果也没有，那也是成功的。"

《流言终结者》提供了一个很好的例了，我们可以通过在学习过程中增加挑战性和趣味性来使孩子们更加投入。这个节目表明，即使是类似于电视节目这种传统的一对多形式，也有可能通过简单调整来提供有趣的互动式学习体验。如今，诸如自适应软件、交互式视频、社交媒体、智能设备和沉浸式技术等事物，使我们能以之前不可能的方式将此类调整落实到各种静态系统中，例如教育体系。几十年来，诸多研究表明，基于计算机的技术对于改变学习过程具有巨大的潜力，让各个学区、学校和各位教师真正以革新的方式将这些技术纳入教学之中，仍然是我们迄今为止面临的最大的挑战。

孩子不能等，向每所学校捐赠一台计算机

乔布斯在高中毕业之后就没有接受太多的正规教育，而他在苹果公司的部分动机是因为他认识到计算机在教学改革中可以发挥出巨大的作用。乔布斯 10 多岁时接触到生命中的第一台计算机时就立马爱上了它。后来，当他在惠普看到第一台台式计算机时，他立即意识到了台式机所拥有的巨大潜力。“我想，即便每所学校都只有一台计算机，有些孩子仍会找到这台计算机，从而改变他们的整个人生。”1995 年，乔布斯在获计算机世界史密森尼奖后接受采访时曾这么说。后来，在苹果公司成立早期，乔布斯试图将这一梦想变成现实。1978 年初，苹果公司与明尼苏达教育计算机协会达成协议，明尼苏达州的学生有权使用 500 台 Apple II 计算机，但这远远不够。官方的规章制度和繁文缛节将他的计划拖得遥遥无期，这令乔布斯感到无比沮丧。“我们意识到，整整一代孩子在结束学业之前，都没有机会拥有自己的计算机。”他说，“但我觉得孩子们不能等。”乔布斯希望所有的孩子都能用上计算机，他想找到一种方法向美国的每所学校都捐赠一台。正是这种决心促使苹果公司开启了“孩子不能等”计划。

“孩子不能等”的设想是向美国每所学校都捐赠一台计算机，但现实情况是，苹果公司实力还不够雄厚，还没有能力做到这一点。然而，就在那次访谈中，乔布斯还说：“有一项美国法律规定，如果你向大学捐赠一件用于教育和研究目的的科学仪器或计算机，那么你就可以享受额外税务扣减。我们想着如果将这条法规稍微延伸到基础教育中，那么我们也能适用于这条法规，就可以捐出 10 万台计算机，给美国的每所学校都捐一台。这将花费 1 000 万美元，这对当时的我们来说是一笔很大的开销，但我们愿意这样做。”

1982年，乔布斯飞往华盛顿特区去游说国会。他提交了一项“计算机设备捐赠法案”（H.R. 5573），如果通过的话，该法案将使享受减税优惠的范围由仅适用于向大学捐赠扩增到同样适用于向基础教育学校捐赠。遗憾的是，该法案没有通过。然而，当加利福尼亚州的政治领导人得知此举后，他们协助苹果公司在该州的1万所学校落实了“孩子不能等”计划。他们还同意了让苹果公司和其他公司在捐赠时享受减税优惠政策。

之后不久，一台台计算机开始陆续进入加利福尼亚州各地的学校，数十万名学生生平第一次接触到计算机。乔布斯后来将该计划的成功落实称为“非凡之举”，每每提及都将其视为苹果公司傲人的成就之一。甚至在当时，我们就意识到了，如果**学生有机会使用最新的技术**，并且**有人能指导他们如何正确地使用**，那么，这些**技术最终将改变他们的整个学习过程，并帮助他们挖掘成功的潜力**。而我们需要的只是通过研究来支持这一观点。

明日苹果教室，用技术改变整个学习过程

仅凭乔布斯一己之力，要想完成将教育机构带入数字时代的种种前期铺设，当然是不够的。虽然“孩子不能等”计划的目的是使每所学校都有台计算机，但在苹果公司里，我们都知道，要想使科技在教育中真正发挥影响力，我们要做的远不止这些。我们不止是想让孩子们接触到技术，还想让教师和学生能够利用技术来改变整个学习过程。因此，在1985年，苹果公司开启了第一个重要的教育研究项目，旨在探索如何通过使用技术来更好地满足学生的需求。我们并没有单独实施这个项目，而是组织了研究与开发的合作模式，旨在确定在教学中使用技术的最佳做法以及改进方案。

这项研究被称为“明日苹果教室”(Apple Classrooms of Tomorrow)。

后来的10年中，苹果公司及其合作者(包括加利福尼亚州、田纳西州和俄亥俄州的公立学区，以及美国国家科学基金会和全美各所高校的学术研究人员)研究了教师和学生日常使用的技术如何影响了教学过程。在此期间，苹果公司及其合作者成立了名为“教师发展中心”的明日苹果教室课堂，旨在测试不同的技术和课程。我们的目标是培训教师以最佳方式在课堂中使用技术，然后这批教师回到他们的学校和学区担任该地区的负责人，指导其他教师以相同的方式在教学中使用技术。数百名来自几十个州、不同学科、不同年级的教师代表参加了该计划。

明日苹果教室课堂的主要研究成果有两点：第一，正如前面关于动机和学习的章节讨论的那样，相关性非常重要，如果学生们不能从个人层面上参与其中，则难出好的学习效果；第二，当技术被用于教学改革时，其影响力不亚于一位鼓舞人心的老师。

最终的研究报告指出：“在明日苹果教室课堂中，**技术是学习的工具，也是思维、协作和沟通的媒介。**”在教室中以各种方式**使用技术，能显著增加“学习的潜力，当将它用于支持协作、信息访问以及表达和展现学生的想法和构思时，尤其如此”**。这些结论如今听起来可能是常识，但在1985年却是一个创新的理念！我们当时为之振奋不已，在之后的20年里，通过普及计算机，我们成功地改变了技术在教育领域的使用方式。

2008年，世界已然改变。随着互联网和移动计算机的出现，加上技术在个人层面和学校层面的普及，我们开展了第二轮明日苹果教室研究，称为“当代明日苹果教室”。在当代明日苹果教室的研究中，我们了解到，仅仅指出教育体系中的缺陷而不提供切实可行的解决方案是不够的。所以，这次的目标更具实战意义。我们应该如何帮助学校利用技术创造当今学生所需的学习环境，使他们觉得课堂作业很有意思，愿意待在学校，并努力掌握 21 世纪劳动力所需的技能呢？明日苹果教室研究是为了收集信息，而当代明日苹果教室的研究则旨在解决“该做什么”以及“如何去做”的问题。我们希望制定一个具体的行动计划，确保新一代数字化学生能够在学习中、在学校中获得他们需要的那种教育。

当代明日苹果教室的研究结果表明，**我们需要摆脱传统观念，不再将学习视为一种对信息的输入，而是将其视为一种具有相关性、创造性、协作性和挑战性的活动**。难就难在，最后这条——“让学习具有挑战性”，但又不至于太难。我们知道，想要提供改进教育的方案，就必须明确，在确保学习过程具有相关性、创造性和协作性的同时，如何增加挑战性。

换句话说，我们需要让学习更像真人秀，这可不是件容易的事。因此困境最终导致了明日苹果教室团队向《流言终结者》的主持人们请教经验。他们使我们更加认识到注重学习过程而非学习结果的重要性，还向我们展示了如何在整个学习过程中通过不断尝试来保持学习的相关性、增加学习的挑战性。我认为，这些经验教训影响了苹果公司之后的很多决定，甚至超出了涉及教育的项目。这也是 iPad 发布时没有使用说明书的原因之一（如果想看的话，网上也有在线版本）。通过自己探索尝试会更加有趣。

当代明日苹果教室对我们几十年来一直采用的教学方式提出了质疑。研究结果指出，我们不需要指导手册、剧本和路线图等来填充教学内容；而是需要确保教学内容和学习过程始终保持相关性、创造性、协作性和挑战性。显然，我们需要重新思考教与学的现状，并从被动的学习体系转型成主动的学习体系。托马斯·爱迪生发明的“科教片”在100多年前失败了，因为他没有听取约翰·杜威关于实践学习重要性的建构主义观点。在苹果公司，我们想从这个错误中吸取教训，确保我们的创新能对孩子们产生真正的影响。当代明日苹果教室的研究不仅证实了我们应该倾听像约翰·杜威、让·皮亚杰、玛丽亚·蒙台梭利等建构主义者的意见，还给我们如何使用技术来做到这一点指明了方向。

为了将当代明日苹果教室的研究结果运用到现实中来，苹果公司与该项目的老师和合作伙伴共同设计了一系列最佳学习模型，并将其与技术融合在一起。于是，诞生了一种名为“挑战式学习”（Challenge-Based Learning）的全新技术支持教学法。唯一的问题是——它会有效果吗？

项目制学习与挑战式学习的三个差异

从外面看来，位于达拉斯郊外的公立学校科佩尔高中（Coppell High School）看起来和其他不起眼的普通高中没什么两样。但如果说我在生活中只学到了一件事，那就是永远不要以外表来评判一本书或一所学校。以科佩尔高中的科学教师朱迪·德哈默尔（Jodie Deinhammer）为例，朱迪在科佩尔高中工作了20多年，她采用的是挑战式学习教学法，在她的课堂中发生的事情很快就成了传奇故事。

2015年，朱迪的学生们当时正在学习人体相关知识，他们给自己提出了一个挑战：找到解决儿童营养不良的方法，儿童营养不良在当地社区很常见。学生们提出的“大设想”是一个名为“健康无国界”的项目，在朱迪的指导下，学生们利用技术创建数字插图、文本和多媒体项目，同时作为全球社区系列互动课程的一部分。

不仅该项目本身是一个切实的挑战，在整个项目的实施过程中，学生还面临着其他以具体问题形式出现的小挑战。朱迪的学生不仅学习了关于人体和营养不良的知识，他们还学习了协作、团队合作、领导力和项目开发；学习了如何创建新媒体、采访、调研、公开陈述和演讲、做预算，如何使用相关程序来进行协同写作、编辑和绘制插图；还学习了同情和共情。所有这些能力的提升，都包含在这个为期一个月的项目中。最重要的是，挑战结束后，学生们自信心大增，成为彼此更亲密的朋友，并在他们的余生都能回顾由自己亲手创造的东西——因为他们，这个项目才得以存在。

挑战式学习是一种以探究为基础的学习框架，它使学习者面临一系列个人和团队的挑战，从而使学习过程更具相关性和趣味性。我们先前探讨过参照系，现在请花几分钟思考一下当下很流行的一种学习模式，即项目制学习（Project-Based Program），在这种模式下，教师将课程设计成了由学生驱动的项目。项目制学习的灵感来自约翰·杜威等人的实践学习理念，如今已形成一个粗略的框架，并在过去的10年中相当流行。项目制学习的交互性较之传统的教学方式而言有了很大的提升，但它也有其他问题。朱迪回想起2014年在同学会上与一名同事闲聊，第一次听说了挑战式学习。“我当然知道项目制学习，在教学中也已经用了很多年，取得了大大小小的成功。我一直试图将技术纳入这种模式，但总是很勉强，似乎没什么意义，”朱迪回忆道，“所以，当我知道挑战式学习是专门为解决这个问题而设计时，我恨不得马上就试试，在那之后就一发不可收拾了。”

相对于项目制学习模式，挑战式学习并非另起炉灶，而是取其精华，并在此基础上更加重视在整个过程中创造各种挑战、广泛使用技术。虽然这两个框架都是通过实践项目来使学习更加生动，但还是有一些关键的不同点。第一个关键的不同是，在项目制学习中，教师经常指定学生去完成某项目，而在挑战式学习的各种挑战中，教师通常会鼓励学生们一起设计自己的项目。对学生来说，这往往会使整个挑战相关程度更高，从而提升他们的主人翁意识、认同度和积极性。

第二个关键的不同在于使用技术的方式。在项目制学习中，技术并非不可或缺的，甚至有时候根本不需要使用技术，即便用上了，通常也只是简单地在互联网上收集信息而已。相比之下，在挑战式学习中，技术贯穿了整个过程的各个阶段。不仅收集信息时要用到技术，在沟通、协作和提升参与程度时都会以各种方式使用到技术。例如，某个项目制学习项目可能要求学生去找一段 YouTube 视频，作为幻灯片演示的一部分进行分享；而挑战式学习则可能会要求学生自己去录制一个 YouTube 视频，作为现场模拟的一部分进行分享。某个项目制学习项目可能会要求学生阅读某篇博客并做好笔记，而挑战式学习可能会让学生共同创建他们自己的视频博客，同时还得使用数字注释工具在博客中插入笔记。挑战式学习的目标是让学生不再是信息和内容的摄入者，而逐渐成为制造者和创作者，就像朱迪的班级在创建多媒体项目时所做的那样。

第三个关键的不同在于：项目制学习经常受限于能够在课堂或学校环境中完成的想法和项目，而挑战式学习则要求学习者积极加入更广泛的社区，针对直接影响他们生活的实际问题，去设计方案并实施。在朱迪的课上，学生们选择儿童营养不良这个主题，正是因为这是他们所在的社区面临的重要问题。我知道，想让学习变得对数字原住民来说更具吸引力、更有意义，挑战式学习并非唯一的解决方案，但它的效果的确很好，达到了设计的初衷。

挑战式学习框架的三阶段

挑战式学习理念源自苹果公司当代明日苹果教室的研究，其具体设计和开发是由我组织的一个由专业教育工作者和工程师组成的团队完成的。我们致力于设计一个高度灵活的教学模式，使学习过程对于数字原住民而言更具相关性、创造性、协作性和挑战性。

当代明日苹果教室团队中有一位经历十分丰富的成员——马克·尼科尔斯（Mark Nichols）。他曾担任过中学教师、足球教练和荒野向导。他做过软件开发，曾在阿帕奇印第安人保留地的一所学校工作过，还曾在一家播放真人秀的电视台工作过。正是这份和电视相关的工作让马克想到，如果在学习过程中加点真人秀的元素进去，那会是怎样一种状况。自然而然地，这种好奇心驱使他加入了我们的挑战式学习开发团队，成了极具价值的成员之一。“我们研究了烹饪节目和时装秀节目，并总结出一个规律，”马克说，“这些节目都是先给出一个挑战，然后让参赛者制作出符合规则的东西。”的确如此。真人秀节目几乎无一不是以挑战为主题，这正和我们对挑战式学习的期望如出一辙。

在挑战式学习中，学生将开展他们自己选择的项目，这些项目与一门或多门课程相关，从而使得该项目成为基于团队的挑战。这种方式既十分有趣又兼顾各个学科的知识，孩子们可以利用日常生活中的技术设备（手机、计算机和互联网），针对现实生活中的实际问题，来寻找和创造解决方案。虽然我一直都明白相关性在学习过程中的重要性，但直到开始研究挑战式学习的框架，见证了其惊人的效果之后，我才亲身体会到了在实践中学习的真正潜力。如今，我见到在许多教室里，满教室的学生都开始攀登物理或者数字山地空间，就像朱迪的课堂上发生的那样。

挑战式学习框架由三个不同的阶段组成。在第一阶段，教师引导学生想出一个他们想要解决的问题，这个问题“恰巧”与当前学习的课题相关。一旦选择了某个问题，他们就会协同合作，提出一个宽泛的“大想法”，这个想法是他们全班人一起解决这个问题的整体方向。在朱迪的例子中，该想法是录制多媒体课程，并与其他人分享。学生们通常会选一个自己学校或者社区正面临的问题，在这个问题的基础上提出“大想法”。当然也不是非得这样，不过我发现，问题与学生的相关性越高，对他们的影响就越大。这些问题可能大到与贫困、流浪人口或气候变化相关，也可能小到学校食堂没有提供健康的食物这样的问题。

一旦确定了问题以及如何解决问题的整体想法，就开始进入第二阶段。在这个阶段中，教师和学生将问题分解为一连串的具体问题。这些具体问题的目标是使“大想法”更易于管控，以及将其细化到每名学生的身上，使他们感觉问题与自身息息相关。这些具体问题包括：对于这件事，我们应如何着手？可能遇到些什么障碍，我们又将如何解决？所有这些计划的可行性如何？

“挑战式学习最难的一个部分通常是在项目开始时，也就是学生需要细化具体问题时，”朱迪说，“学生们通常不知道从哪下手。当我思考这些事情时，我想出了另一个问题，作为对他们也是对我自己的挑战，即我们怎样才能对社会有所贡献？我向学生们抛出了这个问题。一旦有了答案，其他问题也就自然而然地接踵而至。”具体问题会促使学生进行各方面的调查，包括以个人或者团队的形式策划、研究、访谈、实地考察等，去寻求答案。调查阶段的大部分时间都在教室之外进行，但学生们实际上是在索恩伯格提出的学习空间以及山地空间中学习。随着教师继续指导和协助学生们的调查工作，他们最终将制定明确的行动计划。

行动计划是挑战式学习第三阶段的开端，学生们开始根据他们的调查结果采取行动。他们按照设计周期（原型、测试和改进）来一步步构思出以证据为基础的解决方案，然后完全通过在线工具在学校、社区或某个遥远的地方进行落实。整个过程中会用到各种各样的交互技术。比如说，朱迪的班级就使用到了音频和视频、博客、社交媒体、众包和数字出版等技术。

在整个挑战过程中，教师会引导学生，经常问他们“为什么”，并让他们学会批判性地思考自己所做的一切。他们在每个阶段都要以反思的形式做书面记录（要么用手写，要么用键盘敲），如此一来，教师和家长就能及时了解到孩子最近的学习状况，并且有大量机会对此进行讨论。

由于挑战式学习框架在设计上具有灵活性，因此教师可以在任何时候因某个班、某节课甚至某个学生的需要而做出相应调整。教师们已然任务繁重，挑战式学习绝非强加在他们身上的又一套教学模式，这一点在设计时就已经明确了。相反，挑战式学习旨在为教师肩头上已有的诸多任务提供一个框架或结构。我们应将其看作是将教学的精髓与现有技术的精髓融合在一起的一种方式。正是这种内在的灵活性使挑战式学习几乎可以在任何情况下发挥作用，在教授州立标准内容时也不例外。

每当我试图让人对挑战式学习印象深刻时，我都喜欢用我从一位墨西哥朋友阿尔法索·罗马（Alphonso Roma）那里学来的“速记法”。罗马多年来一直致力于改善教育。他是这么描述挑战式学习的：感受、想象、实施、分享，换句话说就是，你觉得怎么样？你能想出一个解决方案吗？方案有了，就去解决问题吧，然后再与他人分享这个方案。

部分教师在考虑推行挑战式学习等基于探究的学习框架时，会有抵触情绪。虽然他们通常会认为，教学中有一个兼具相关性、创造性、协作性和挑战性的框架很理想，但由于上级部门要求教师们“以考试为风向标”，所以该框架恐怕很难落实。甚至有巨大潜力的优秀教师都会觉得，他们即便知道该以什么样的方式去教学生，但是为了不遭受惩罚，他们也不得不照本宣科、墨守成规。因此，对于所有教育框架而言，极其重要的一点就是能够直接映射到相对应的州立标准。幸运的是，这对挑战式学习来说毫无问题。

比方说，你是加利福尼亚州某校四年级的社会研究教师，州立标准要求四年级学生必须熟知加州历史。针对这种要求，在传统的考试准备中，教师会要求学生零星读些加州历史（内容少得可怜，出版商为了能在该州出售教科书，不得不将教材简化）、记住一些不得要领的史实、做几次随堂测验，可能用糖块建个教堂就算是做了个项目，然后就到了期末测试。如果教师使用挑战式学习框架的话，他会怎样做？

比如，让学生们假装自己是威廉·伦道夫·赫斯特（William Randolph

Hearst），并假装要在加州圣西蒙的赫斯特城堡为该州历史上最有影响力的人们举行颁奖晚宴。学生们将负责决定谁在这次晚宴的邀请之列，除此之外没有别的指示。这样做会使学生们自觉以小组为单位开展各种研究，其中包括在线搜索、去虚拟或实体图书馆以及博物馆查阅资料、访问调查等。学生们还必须决定哪些加州的历史名人不在邀请之列，他们很清楚自己需要给出不邀请这些人的原因。以“大想法”为主线，细化出一系列的具体问题，由此学生们得以仔细研究数百名潜在被邀请者的功与过，比起通过教科书来了解加州历史，他们以一种更有趣的方式更加深入地学习了这些知识。

如果教师要求学生确定邀请参加晚宴的人员座位表，那这就是一个附加挑战了。学生们甚至可以创作参加晚宴的人员之间可能发生的对话，并将其录制出来，制作成一段完全由学生自创的加州历史视频，再每年对其进行改进和增补。这些还可以传到网上（时时更新上传），州内所有学校就都可以用这些视频来帮助学生了解加州历史，帮助孩子们用既有趣又具有知识性的方式去解决难题。挑战式学习框架使用起来不分班级，只要拥有创造力，就会拥有无数的方式去将挑战式学习映射到州立标准的教学之中。

健康无国界，挑战学习的非凡成就

“健康无国界”项目开始一年之后，创建这个项目的学生也都升入了高年级，朱迪的班级又换了一波新生。这波新生听说了这个项目的骄人成绩，在学习相同课程时，他们决定将“健康无国界”项目继续下去，并在原来的基础之上做出改进。这波新生决定，在上一批学生制作的互动媒体项目上加入自己创作的书。他们更新了上一批学生的研究成果，协作编写了该书各个章节的提纲，然后共同制作了一系列非常出色的辅助材料，其中包括用计算机创建的原创绘画、照片以及 3D 器官模型。学生们除了完成功课之外，还自愿花了大量的时间和精力去做这些项目，他们非常乐意如此。

当项目完成后，这些学生不仅提交了报告给班级和学校，还将其作为 iTunes 课程的一部分进行了在线发布。如今该课程有 50 000 多名用户订阅，图书下载量已经达到 12 000 多次，“健康无国界”原始项目和后续项目的参与者们也收到了来自 24 个不同国家的学生的赞扬、询问和反馈。

这个项目还带来一个令人难以置信的成功故事，故事主角是一名年轻学生，她花了大量时间和精力制作那本书的计算机插图。她之前没有制作插图的经历，但她觉得做起来肯定挺有意思，想试一试。如今，她已经是一名专业的医学插画师，这并非因为她在学校上过插画课，而仅仅是因为她在参与一个挑战式学习项目的其中一个环节时，找到了才华和激情所在。如果让学生有机会探索自身舒适区之外的世界，就能让他们发掘并运用自己平时甚至都未曾意识到的天赋。

虽然“健康无国界”的故事令人惊叹，但我现在还真没法称之为“非凡”了——因为在朱迪教授的班级上，通过挑战式学习教学法，这些令人难以置信的故事已经逐渐变得非常普通。朱迪的另一个班级编写了一本关于濒危动物的书，学生们花时间待在动物园对动物们进行近距离观察调研，主动联系泰国的孩子，向他们询问有关大象的问题。朱迪的学生通过口译软件，与柬埔寨苏门答腊虎保护机构的工作人员以及中非秃鹫项目的工作人员交流了信息，还与南非开普敦企鹅拯救计划的行动人员进行了视频对话。他们待的那家动物园甚至为这本书及其小作者、小摄影师和小插画师们举办了公开发布会。“这些孩子以身为出版作家为荣，”朱迪说，“他们也从中深刻理解了动物保护的重要意义，这些是他们听多少堂课或者阅读多少线上材料也无法获得的。”

关于挑战式学习之后的发展，我的同事和我（不论是否在苹果公司任职）都还有很长的路要走，这也是我对它充满激情的原因。但是请别误会我别有用心。挑战式学习是一个免费、开放的框架，任何人都可以使用，包括教师、家长、学生以及管理人员。苹果公司的产品或服务对于挑战式学习来说并非必须，我们也没有申请专利的想法或需要订阅。我对挑战式学习的热爱，以及我对其重塑教育的可行性所持有的信念，都是发自内心的。我知道挑战式学习有效，是因为我亲眼在全美各地的课堂中看到了它所产生的影响。通过提高课程的相关性、创造性、协作性和挑战性，挑战式学习对于促进学生主动学习来说具有巨大的潜力，朱迪·德哈默尔教授的班级就非常完美地诠释了这一点。话虽如此，但仅仅让教师了解挑战式学习以及如何将其落实是不够的，想要真正产生影响，我们还需要时间、资源以及教学体系的改革。

幸运的是，技术再一次提供了答案。

给学习者的启示

1. 挑战式学习（CBL）及其三阶段：挑战式学习是一种以探究为基础的学习框架，它使学习者面临一系列个人和团队的挑战，从而使学习过程更具相关性和趣味性。挑战式学习框架由三个阶段组成。在第一阶段，教师引导学生想出一个他们想要解决的问题，而这个问题“恰巧”与当前学习的课题相关。一旦确定了问题以及如何解决问题的整体想法，就开始进入第二阶段。在这个阶段中，教师和学生将问题分解为一连串的具体问题。第三阶段是制定并执行行动计划，学生们根据调查结果采取行动。

2. 项目制学习（PBL）与挑战式学习（CBL）的三个差异：第一，在项目制学习中，教师经常指定学生去完成某项目，而在挑战式学习中，教师会鼓励学生们一起设计自己的项目。第二，在于使用技术的方式。在项目制学习中，技术并非不可或缺，甚至有时候根本不需要使用技术。相比之下，在挑战式学习中，技术贯穿了整个过程的各个阶段。第三，项目制学习经常受限于能够在课堂或学校环境中完成的想法和项目，而挑战式学习则要求学习者积极加入更广泛的社区，针对直接影响他们生活的实际问题去设计方案并实施。

技术解锁教育

用 AI 让关键能力可测量与可传授

栗浩洋

综观中国教育史，在古代，无论学生的基础如何，老师都让他们直接背诵四书五经，很多学生在根本不能理解的情况下囫囵吞枣，根本无法消化。低效的教育就这样持续了千年。

相比过去，现代教育理念重视知识点的拆分和难度级别的拆分。从最简单的知识入手，一点一点让学生消化。小学、初中、高中、本科、硕士、博士……每个阶段的知识点都做了拆分和归类。这就将更多复杂的概念进行抽丝剥茧，改变了过去大块知识不好消化的状态，有助于学生在学习过程中一点一点地歼灭难点。现代教育方法不但消除了文盲，更大幅度提升了全人类的知识掌握量，从而大幅度推动了科技和社会效率的进步！

时至今日，现代教育体系在知识教育中获得了巨大的成功，但是在能力等素质教育中却一直处于较为模糊的状态。比如说，当谈到希望培养学生的“批判性思维”“创造力”“领导力”时，我们喜欢学生“不拘一格”“一针见血”“有突破性解决问题的能力”……但是，我们会发现，所有引号内的词汇都是模糊和令人费解的。如果想通过教育提升学生的这些能力，如何做才能真的取得进展？而不是到最后除了极少数的名校可能可以通过非量化方式取得一些不可控的结果之外，绝大多数学校都只能想办法往这个方向努力，最终演变成听天由命。

三可理论：可定义，可测量，可传授

巴菲特曾说过：“当我们回望历史，答案都在里面。”当我离开创业 10 年后在 A 股上市的教育公司创立义学的时候，我像小时候分解“情商”那样开始分解“能力”，希望把教育变得可控。

回想我的学习经历，在小学一年级结束时，我用暑假两个月的时间学完了二年级一年的课程，开学就跳级到三年级学习。之后我获得万里挑一的名额被选为计算机实验生，开始学习在苹果电脑上编程，编写“警察抓小偷”的游戏。因为荣获全国奥林匹克数学竞赛一等奖，初中、高中阶段我一路获得保送，高中时进入上海交通大学实验班。但与逻辑思维能力超强有鲜明对比的，是我的情商不但被公认为低下，还被众多同学嘲笑。

当时实验班的学生可以任意选择上海交通大学的专业，我想问一下硕士阶段读哪个专业最好，但在校园里我却根本不敢在路上跟其他同学打招呼。有些“社交恐惧症”的我，开始痛苦地思考该如何解决情商低的问题……

两年后，我从一个语文总是不及格的偏科生、一个社交白痴和羞涩的理工男，变为学院辩论赛主力辩手，将一个叫作“求索书社”的社团组建成上海交通大学最大的社团之一，还在竞选中获胜，成为上海交通大学历史最悠久的社团格莱蒙舞蹈协会的会长。

这条很多理工男一辈子没有走完的语言能力、社交能力、领导能力超强之路，被我瞬间跨越，其中的秘诀，就是基于我在创立松鼠 AI 之后全力以赴研发的 MCM 模型的前身。

我发现，那些看似不能突破的模糊、令人费解的素质能力，如果像知识点一样可以拆分到纳米级，就会突然变得更好消化、更好学习。我在研发会议中提出了“三可理论”：可定义、可测量、可传授。也就是说，把模糊、令人费解的能力教育拆分成可以清晰定义的纳米级能力，可以测量学生该能力的高低，而且还能用数字表示，同时要保证这个能力是可以由老师清楚地讲明白、听者可以理解并且消化吸收的。

> 举个例子来说，我把“情商”做纳米级能力拆分：第一个拆出的是观察能力，也就是在和别人聊天的时候，要学会观察对方的表情，当发现别人出现厌烦的表情，或者开始走神时，就明白自己讲得不够生动有趣。第二个拆出的是倾听能力，即培养自己多听别人讲话，在倾听中更多地互动，表示认同。第三个拆出的是同理心，也就是理解对方的角度、思路，尤其是在对方和自己意见相左甚至相反的时候。第四个拆出的是寻找话题的能力，即储备大量常规话题，以免开口就尴尬得不知道说什么，然后逐步培养通过观察、倾听、同理心找到最佳话题的能力……第十个拆出的是忍耐能力，即忍耐别人的无聊和枯燥，甚至忍耐别人的侮

辱，在别人伤害自己的时候，替他想到十个应该这么做的“合理”的理由。当然，其中还有一个能力是语言能力，为了补足自己表达能力的欠缺，我把初中语文课本带到大学宿舍一课一课地重学，一个知识点、一个知识点地消化。

就是借助这种“三可理论”的雏形，我完成了自我的突破，在 22 岁就当了校长，3 年就做出了万人学校，而同一个城市的其他同行用十几年的时间只做到了平均只有 500 名学生的规模。不到 30 岁，我就成了国有大型企业的副总裁，与同伴一起做成了 A 股第一家教育类市值百亿的上市公司。可以说，从我个人来看将“情商”“领导力”这样难以捉摸的能力拆分到纳米级进行训练是卓有成效的。

MCM 模型，测量你的思想、能力和方法

我们不仅希望每个孩子都能够提升学习效率，获得更高的分数，也希望他们在素质教育上能有更好的提升，真正帮助他们成为有能力、有礼仪、有智慧、有正确价值观的人。

关于素质教育，我们提出了一个 MCM 模型。其中第一个 M，是 Mode of thinking，也就是思想（思维模式）；第二个 C，是 Capacity，也就是能力；第三个 M，是 Methodology，是方法。从思想、能力和方法这三个维度定义了素质教育。

我们经常听说：“决定你一生的，是你的思想。”我们还经常模糊地说：“这个人思想很深刻，能力很强！”但是让我们都感到费解的是，这个人的

思想到底怎么深刻？我们更不知道重要的思想有多少种，而思想深刻的人又是怎么训练出来的，就连他们本人都很难说清。而决定了人超越其他动物的，正在于人类有思想！

我把思想、能力、方法进行梳理总结，拆分成100多种，然后再往下拆分成1 000种应用场景，达到彻底的可定义、可测量、可传授。

三步测量你的MCM

在中央电视台录制《机智过人》节目的时候，撒贝宁被邀请上台做松鼠AI的思想、能力和方法测试，结果令人大吃一惊！他的观察能力、演绎推理能力、建模能力非常强，但是几何直观能力比较差，数感能力特别差。撒贝宁惊讶地说："过去5年我用心观察和反思自己，才知道自己的优势和劣势所在，而松鼠AI才用了20分钟的小学四年级数学题目的测试，就精准地发现了我的强项和弱项？数感差这件事情我所有同事都不知道，这次郁闷了，被公之于众，所有人都知道了！""我觉得这套系统不应该只是给中小学生使用，其实每一个成年人都应该来测试下，好更加清晰地认识自己！"

这么神奇的效果是怎样实现的呢？这中间有三步，第一步是把思想、能力、方法进行拆分，第二步是定义，第三步是将题目按照定义归类甚至重新设计。比如，有一道为撒贝宁专门定制的题目："池塘里面有一片水草，每天长1倍的数量，10天正好长满了整个池塘。那么请问，水草长到池塘的一半面积的时候是第几天？"对于这个问题，台上的演员韩雪几乎一秒钟就给出了答案，而撒贝宁足足花了两分钟却还是选择了错误答案：第7天。如果这个时候读者还没有意识到正确答案的话，那么你的"逆向思维"就和撒贝宁一样有些不足。答案是第 9 天，因为第 10 天时水草已长满了池塘。每天水草长一倍的面积，所以倒推一天就是长到池塘的一半。所以，不习惯用逆向思维解决问题的人就容易被这道题困住。

受益终身的 MCM

逆向思想在学习、生活、工作中都有重要作用。在我 20 多岁的时候，曾经在一年多时间里谈了 50 多家风险投资基金想要融资但都没有成功，致使连续近一年发不出足额工资，员工流失了一半。后来在公司成为中国第一家教育类上市公司的时候，我反思发现就是因为自己当初缺失逆向思维才导致了融资失败。企业家思考和谈论的都是“我是谁，我们在做什么，我们要解决什么问题”，都是从自我出发的正向思维模式。而风险投资基金的从业人员普遍都是逆向思考，他们首先思考：“10 年后的市场规模是多少，是千亿级别吗”“要走到成功，你们还缺失多少”“未来的竞争对手都会有谁”“即使做大了成为第一，未来有什么壁垒可以防止被超越”……所以风险投资基金的从业人员都是从未来往现在推。

经历了这么惨痛的教训之后，我开始花精力弥补自己的逆向思考能力，同时把“预测能力”“方案规划能力”一起应用在松鼠 AI 的项目中。我从一开始就制定了终极目标“让每一个孩子拥有一个像苏格拉底＋达芬奇＋爱因斯坦一样的超级 AI 老师”，同时我还有 20 年、10 年、5 年的技术目标，产品规划以及学校扩张战略。类似 MCM 思想能力和方法系统的研发，都是为了使未来的产品拥有终极竞争力所做的逆向思考的结晶。也正是这样，我才会做到 2018 年一年新签约 1 200 家连锁学校进行项目落地，而这是中国最大的教育集团要在二三十年才能达到的数量。这个仍旧在加快的速度就是由要在中国开出16万家连锁学校这个终极目标倒推出来的。日本有一家叫公文式教育（KUMON）的公司在日本开出了16 000家连锁学校，而中国的人口是日本的10倍，我提出的16万家便由此倒推而来。另一种逆向思考的逻辑是：每8 000人中就会有15%的中小学生，也就是1 200人，每个学生报名2个课外培训科目，就是2 400人次，如果一个最大的品牌可以占有25%的市场份额，就是600人次的年报名量。这样的报名量足够支撑一家学校。所以，通过逆向思考，16万家这个看似不可思议的计划，也就很扎实了。2018年，中国最大的咨询调查公司之一的艾瑞在报告中指出，中国有110万家培训机构，从这个角度看来，那么一家公司拥有16万家连锁学校，也是可以想象的合理的市场份额规模。

除了逆向思考，我们会发现，MCM模型中的每一个方法，都会在一个人的一生中发挥不可思议的作用。

以“建模思想”为例，很多人不理解为什么美团亏损了500亿元，还是一个市值3 000亿元的公司；而滴滴累计亏损1 000亿元，拿出了大量资金补贴乘客和司机，仍屡屡获得软银的投资。为什么绝大部分亏损的企业都倒闭了，而这两家亏损更多的企业却获得了成功？基金投资人采用的就是复杂的建模思想，在他们的数据模型中，虽然短期的补贴带来大量的亏损，但是同时也带来了销售额的大幅度增加以及用户习惯和忠诚度的养成，大家的习惯从路边招手打车变成了用手机软件打车。通过引进专车、快车，加上垄断市场后减少补贴，以及不断提升的和供应商议价的能力，最终，企业会获得足够的盈利。如果模型中投入某一笔资金却没有获得有价值的收入增长或者用户的重复购买率太低，投资人都会中途停止投资。

滴滴当年的竞争对手摇摇招车获得了徐小平的真格基金和红杉基金的

支持，融资金额一开始是滴滴的 10 倍，但是因为投资人建模思想的缺失，不敢“有效率地大胆投资”，最后输给了摇摇输给滴滴，消失不见。另外一家公司易到也是类似的情况，起步更早，融资更多，虽然后来意识到财务模型的力量追加了融资和投资，但最终还是因为和滴滴的距离悬殊败下阵来。

“极限思想”的缺失更是让很多人唏嘘。2018 年，让全世界为之疯狂的比特币价格暴涨，带来了虚拟币狂潮。这在让有些人暴富的同时，也让更多的人财务崩盘。比特币的价格从 2017 年年初的 1 000 美元涨到年底的 19 000 美元。不到一年便有 19 倍的投资增值，让无数人丧失了理智。每一次，在大家认为都到最高点了会下跌了，结果却是震荡后又继续坚挺地上升。当最多数量的人用 19 000 美元的价格买入等待继续升值的时候，比特币在两个月后跌到 6 000 美元。短短两个月，这些人的资产蒸发了 2/3。在中国市场诞生的小蚁币，2017 年 7 月的价格是 5 美元，在随后的半年里涨 40 倍后达到 200 美元，然后掉头急转直下，一直跌到 9 美元，跌幅高达 95%。

当人们没有考虑到事情的极限值的时候，经常会出现令人无法预料的后果。例如世界上十大建筑灾难事件，其实很多都是极限思想缺失的产物。

没有考虑到最好的极限值，可能会让蜂拥而至的客户因买不到产品悻悻而归，错失数倍的销售机会；没有考虑到最差的极限值，则会让库存过度，最终使产品在存放的时间中过期或者贬值。

我坚信，AI 算法的投入会持续优化并提升效果，突破深度学习的效能。在此基础上，AI 也将让关键能力变得可测量、可传授，进一步带动素质教育的全面推进。

PART 3

第三部分

未来学习三要素

如果我们用过去的方法教育现在的学生，就是在剥夺他们的未来。

——约翰·杜威

07

访 问

学会赢得机会

未来已来，只是还未全面铺展开。

——威廉 · 吉布森

车轮上的 Wi-Fi，让每个孩子接触到互联网

2014 年 10 月一个凉爽的秋天傍晚，在加利福尼亚州科切拉谷（Coachella Valley）的一个偏远地区，一辆校车在一间房子前停了下来，随着车上最后几名学生下车，校车司机这一天的工作也就结束了。这一切都很平常。但随后，校车司机做了一件奇怪的事。他们没有将校车开回指定停车场，而是将校车停在科切拉联合学区的一些贫穷社区里。随后司机们便下车回了家，校车就停在那些无人看管的地方。

从外面看上去，这些校车并没有什么明显的特别之处，但往里面一探究竟，就会发现里面别有洞天。校车已然变成移动热点。这些校车不仅给科切拉谷的学生们送来数千台 iPad，还将为这些贫穷的学生提供他们第一次上网的机会。科切拉谷校车不仅能送孩子们回家，还能送来 iPad 和网络。

“我们称其为‘车轮上的 Wi-Fi’，”达里尔·亚当斯（Darryl Adams）

当时在接受采访时自豪地说道，“这将以孩子们无法想象的方式改变他们的生活。”

曾被选为“洛杉矶年度最佳教师”的亚当斯如今是该地区负责人，他来科切拉谷学区就是为改变这里的教育现状。这个学区是整个美国最贫穷的地区之一。许多社区都在非常偏远的农村地区，这里的 2 万名学生中，住在破旧房车里面的算是幸运儿了，而那些不幸的孩子都是在小巷、公园或者废弃的火车车厢里过夜。科切拉谷联合学区的贫困率为 94%，很少有家长拥有汽车，更不用说自己的房子了。公共交通工具的数量屈指可数。很少有人拥有计算机，而计算机能连上互联网的几乎是天方夜谭了。所有这些，让大多数学生根本无法接触到最基本的新闻、信息和服务。

作为负责人，亚当斯想要做的第一件事就是改变这一点。“无法接入互联网的话，”他说，“那意味着在任何事情上几乎都没有机会取得成功。”总有某种方法能让这些家庭能够上网，给他们提供一些基本的机会，那些比他们幸运的人拥有的机会。问题是，怎样才能做到呢？

亚当斯既有趣又极富创造力。他曾在洛杉矶教高中生音乐，现在自称为“摇滚负责人”。亚当斯发现这个昵称总能逗乐别人，对于那些在温饱线上挣扎的人们来说，能让他们发笑并不容易。但这个昵称也给别人传达了一些别的信息。它告诉他们，亚当斯跟别的教师不同，他喜欢打破常规做事情。亚当斯是个思维别具一格的人，正是这种创造性思维使他将太阳能 Wi-Fi 热点安在校车上，并将这些校车分散停在其服务的社区里。

没花多长时间，亚当斯就说服了学校董事会和选民使用债券融资来启动移动学习计划，其中包括为区内每个学生提供免费 iPad，以及车轮上的

Wi-Fi 计划。“我们希望确保学生每时每刻都能访问互联网，”亚当斯说，“学习不会因为放学而结束。”除了 iPad 和互联网之外，他们还新增加了一门课程，让学生开始为特定的职业领域做准备，比如工程、航空、科学、体育等。

结果呢？一年之内，学区的整体出勤率上升了，学生的积极性和参与度提升了，毕业率从 70% 上升到了 80%。亚当斯被奥巴马评为美国“百名创新负责人”之一，还被数字教育中心列为美国“前 30 名技术专家、改革者和开拓者”之一。尽管荣誉加身很不错，但没过多久，亚当斯在被问及这些问题时就摇手不提，他只愿一心扑在孩子们身上，那才是他真正的热情所在。“这些孩子现在都在编程，操纵着无人机呢。”亚当斯笑着说。

“连接教育计划”，提供技术的同时提供培训

正是像这样的故事，让教育平等的梦想不再是一纸空谈，尤其是在这个数字时代。每当我演讲时，我总爱提出重塑教育的说法，我们如今的教育还需要有一套新原则，我称之为“未来学习三要素”：访问、建构和编程。

如果连目标受众都无法接触得到，那么技术再先进也没有意义。以“未来学习三要素”来说，“访问”意味着有机会接触非凡的教师、进入优秀的学校以及使用变革性的技术。但最重要的是，这意味着能接得上快速可靠的互联网。不单单是科切拉谷的各所学校面临着这些问题。如今美国的大多数中产家庭或富裕家庭里至少有一台计算机，也接有宽带互联网，

但对于那些贫困的社区来说，情况可没有那么乐观。对于全美数以千计的学生而言，仍然没有足够的计算机以及互联网覆盖，因而他们几乎无法在当今世界中取得成功，更不用说要在明天的世界中立足。

情况正在发生改变，尽管很缓慢。计算机和连接互联网的成本正在持续下降，越来越多的城市开始有全面覆盖的无线网络，向市民提供免费Wi-Fi。谷歌的X实验室正在进行秘密研究和项目开发，其中包括“气球环”（Project Loon）项目，这个项目旨在设计巨型高空气球，将其升到高空后向数百万人提供免费无线网络信号。

全美各地区还有其他一些积极的改革趋势和创新，也都旨在帮助人们使用技术。例如，苹果公司目前最大的慈善捐款，就是出资1亿美元，以确保美国“连接教育计划”（ConnectED）的实施。正如苹果公司首席执行官蒂姆·库克所说：“我们一直认为，教育是一个很好的平衡器，同时也是一股强大的力量，能改变世界，使之变得更好。但我们也清楚地意识到，并非每所学校提供的教育都能产生这种影响。这也是我们如此坚定地致力于实施‘连接教育计划’的原因，这项美国国家计划将政府和领先的科技公司连接起来，旨在将先进的技术带到资源不足的学校中去。”

奥巴马于2013年6月提出“连接教育计划”，这是一项大规模推动美国基础教育信息化的计划，旨在为教师提供最先进的技术和最好的培训，为学生提供个性化、数字化的学习内容。作为苹果公司的教育部门副总裁，我很荣幸能成为公司代表，参与到该项目之中。除苹果公司外，还有其他数十家科技公司也在和我们共同致力于该项目，其中包括微软、

Sprint、Verizon 和 Adobe。“连接教育计划”当时的既定目标是，确保“到 2018 年，99% 的美国学生能使用上新一代宽带，实现高速上网”。

作为“连接教育计划”的早期支持者，苹果公司向美国 29 个州 114 所资源不足的学校免费提供了技术产品和培训，承诺向每个学生提供 iPad、为每位教师提供 iPad 和 iMac，以及为每间教室提供液晶显示器和 Apple TV。然而，根据明日苹果教室的研究，我们知道，单单将技术产品提供给学校，期望他们自己摸索如何去使用是根本行不通的。因此，作为实物捐赠的补充，我们还向这些学校提供规划、培训、持续性专业指导和支持。谷歌、微软、Facebook、Adobe 等科技公司也参与其中，以确保技术和服务到达最需要它们的人之手。

在项目开始后不久，成千上万的学生用他们想都没想过的方式点击、滑动、创造、分享和学习，而他们之前从未接触过这些高质量技术产品。在项目实施两年之内，就有 5 万多名学生能够直接上网了。

正如我们所见，培训和支持是技术真正发挥作用的关键。技术本身并不是解决问题的灵药，与教育有关的问题也不例外。

谈到教育，每当有学区为学生购买 iPad 时，苹果公司总能因此上新闻（有正面报道，也有负面报道）。尽管学生们使用技术的必要性得到了广泛的认可，但每当一次性将这些技术产品交到大批量学生手中时，总是会引起争议。媒体会虎视眈眈地紧盯学校领导，以及提供技术产品的公司。当购买产品一段时间后，如果没有很快达到预期结果，要不了多久，媒体上就会出现相关的负面报道。正是由于这种情况中的误解，使得不少原本有机会通过技术获得成功的孩子与其失之交臂。

一个大型学区决定开始完全使用数字化课程时，我们很高兴看到他们选择了 iPad 作为核心技术，同时也很担心：因为他们决定购买时过于轻率，然后又没有经过任何培训和支持，基本上像派发圣诞礼物一样就交到了教师和学生手上。问题立马就出现了，整个改革举措成为众矢之的，也使得一些偏见更加根深蒂固：第一，技术根本不能解决教育问题；第二，与其说科技公司能提供解决方案，倒不如说它们是从中捣乱。

苹果公司在向学区提供 iPad 时，同时会提供教师培训和支持服务。可惜的是，并非每个学区都会利用这些服务，而且，如果没有接受正规培训，教师们就不知道如何以正确的方式来使用技术，这也导致他们通常会将这些技术产品作为提高教学效率的手段，而非教育改革手段。比如说，他们可能会下载电子书或闪存卡游戏，而这些只不过是将以前的内容从非技术载体上（即纸质书或练习册）移到了 iPad 上，学习方式依旧是换汤不换药。这也导致一段时间以后，学生在进行测试时，会理所当然地得出结论：使不使用技术，对学习成果而言没有太大区别。当这些结果公布于众之后，人们会认为这是证明技术对学生的学习益处不大的证据。人们不知道某件事情背后的全部背景，这种状况由来已久，而且，只从一些只言片语的戏剧性“精华摘要”中，本来就很难搞清楚事情的真相。

就拿其中的一个案例来说，这个大型学区的领导层知道，对于那些低收入家庭的学生而言，iPad 能够显著提升学生们的学习潜力。在这些学生中，其中有很多人使用技术产品的机会很少，甚至没有，他们在这点上就被那些家庭收入高的孩子们抛在了后面，并且因为这个原因，孩子们能学到的东西也更少。虽然领导阶层急于将 iPad 交到这些孩子们手上，但孩子们没能做好合理的安排、准备，学校也来不及对教师进行培训。校长没有足够的时间做好准备，骨干教师、行政人员和教师都没能参与规划，这就导致了他们最后不知所措、沮丧不已。正是由于缺乏整体合作和前期准备，这从一开始就注定了只会失败。

该项目开始不久后负责人就辞职了，人们将项目的失败归咎于各种原因，从该学区的错误决定（包括没有足够的数字化学习内容）到技术本身等，不一而足。大家还开始将 iPad 与竞争对手的低端笔记本电脑做比较。“笔记本电脑的成本要低得多，”当时有人这么说，“应该考虑笔记本电脑，而不是 iPad！”但是，一台低配的笔记本电脑，除了能上网也没什么其他功能，根本无法与一台能提供整个交互式应用体系的平板电脑相媲美。

该学区项目失败的根源在于计划和执行都严重没有做到位。如果规划周密，并且能妥善执行的话，技术的参与就会带来非常惊人的结果，它们结合在一起，就会成为像科切拉的达里尔·亚当斯手中握的利器一样，发挥巨大威力。

慕课与可汗学院，交互式的在线课程让人受益

关于访问机会，近年来还有一个重大变化就是在线学习的出现。其中，大规模开放式在线课程（慕课，即在互联网上进行项目和课程的学习）可能是最突出的。目前慕课主要针对成人学习者，种类繁多，其课程内容涵盖了世界上所有主题。尽管慕课刚开始创办时并不是太顺利（由于期望过于乐观），但在过去 5 年中显著增长，也从虚拟课堂逐渐变成由学生自行安排学习时间、学习速度的点播课程。一些慕课与高校和专业项目合作，提供学分课程；大部分慕课则是为那些想多学点知识的人提供的独立课

程。一些慕课要收费，有的按课时收、有的按时长收、有的则在课程结束时颁发特定结课证书；大部分慕课则是免费提供给所有人的。这个新兴领域仍在不断扩大，哈佛大学和麻省理工学院联合开设的 edX、Udacity 以及 Coursera 等在其中起到了带头作用。

但慕课并不适合每个人。结构化的在线学习需要学习者非常自律，并且动机足够强烈，这些往往都是成绩差的学生缺乏的，这意味着即便慕课面向所有接受基础教育的学生开放，单凭慕课，对他们来说也可能并非是一个行之有效的教学方案。而且许多慕课还犯了一个错误，就是将讲座内容原封不动地从课堂搬到网上，并没有为在线学习创建一个新的环境。将讲座录成视频，然后在线发布，属于最低端的教育技术化形式，与真正的重塑教育无关。然而，我相信**所有学习者都可以从交互式的、设计良好的在线课程中受益，以补充而非取代实体课堂的学习，这两者的结合通常被称为“混合式学习法”。**

可汗学院（Khan Academy）是一所在线学校，旨在为人们免费提供易于理解的学习视频，其内容涵盖了各种主题。萨尔曼·可汗（Sal Khan）[①]在 2006 年创建了这个非营利性组织，刚开始他只是将自己向表妹解释一些数学概念的过程录制成视频，上传到了 YouTube。可汗的讲解深入浅出，将复杂的概念化繁为简，很快就有其他人开始搜索、分享这些视频，且人数还不少。没过多久，先是数百人，很快就有数千人开始从这些 3 ~ 5 分钟的视频中学习数学。随着制作的视频不断增多，最终，可汗决定将一切正规化。于是，可汗学院诞生了，很快就不再靠单个 YouTube 频道承载。

① 美国著名教育家，可汗学院创始人，其著作《翻转课堂的可汗学院》中文简体字版已由湛庐文化策划、浙江人民出版社出版。——编者注

人们对这些短片的大量需求，单凭可汗自己去录制已经无法满足，于是，可汗开始扩张学院，并招聘那些同样善于将复杂概念化繁为简的人。通过扩张，学院的授课范围延伸到了数学以外的其他课题，有数十万人访问该网站进行学习。在顶峰时期，可汗学院拥有近 1 000 万名活跃的学生用户，这使其成为了全球最大的教育内容学习平台。

与此同时，萨尔曼·可汗已经从当初默默无闻的程序员成了如今家喻户晓的传奇人物。在 2012 年，《时代周刊》将他评为“全球百位最具影响力人物”之一。但名声对于可汗来说不值一提，他仍像当初那样谦虚、满怀激情，还保持着当年为他表妹录制数学视频的初心。可汗学院的成功有目共睹，但可汗知道，仅靠在线学习是不够的。2016 年，可汗开设了他的第一所可汗实验学校，这是一所隶属于可汗学院的实体学校，旨在将在线学校与现场教学的优势结合在一起。可汗实验学校成立没多久，我就和可汗见了面，并得到机会进学校参观了一番，见了一些该校的孩子、教师和家长。他们融合线上和线下学习体验的能力让我印象十分深刻。如今，可汗已经为可汗学院和实验学校投入了大量资源，包括人力资源，比如导师和辅导员，以及形式材料资源，比如实时对话、访谈、游戏、挑战等。

苹果营，任何地方都是学习的场所

像“连接教育”计划和在线学习这样的创新项目和创新模式都非常重要，但为了真正让所有学习者都拥有访问的机会，我们必须打破常规，换种思考方式。要获得使用技术和创新学习的机会，可不能单单依赖学校或家里的 Wi-Fi。

我们知道，除了学校和家以外，还有很多地方都可以提供学习机会，例如图书馆、博物馆和社区中心等。那么零售店呢？

2002 年，我开启了一个与苹果零售店合作的重要项目。我注意到，有很多家长在苹果零售店购物时会带孩子一起去。孩子们自然而然会被柜台展示机上的游戏所吸引。大多数苹果商店现在已经设有一块孩子可以坐下来玩的地方，但我认为，这么做意味着苹果公司并没有真正抓住机会。“如果孩子们在苹果零售店时不是在玩游戏、看视频，而是在学习如何制作游戏、制作视频呢？”我当时想。

没过多久，我们就开启了一个名为“学日前夜”（School Nights）的新计划，让苹果零售店允许当地学校在店内用一个晚上来展示学生的作品。随后，苹果夏令营也开始了，在这个特殊的夏令营里，8 ~ 12 岁的孩子可以学习如何撰写书籍、为书本制作插图、制作视频短片以及给机器人编程。

我强烈地感觉到，苹果零售店能在教育战略中发挥出关键作用，因此我将教育市场营销总监克丽丝·巴赞（Kris Bazan）调到了零售部。随着全球各地的苹果零售店逐渐开始提供此类特殊的营地活动，克丽丝也开始与第三方教育开发商，如 Tynker、Hopscotch 和 Sphero 等合作，一起设计营地课程。她还在整个设计、开发和推出过程中收集了包括教师和家长在内的所有相关人员的意见，并在营地课程中增设了编程课。后来，克丽丝又在着手实施“周二教师”（Teacher Tuesdays）项目，在这个项目中，教师通过各种实践项目共同合作、学习新技能。该项目旨在让教师们探索用独特的方式在教学中使用 iPad，从而使 5 岁及以上的学生对学习更感兴趣，使孩子们自己能更合理有效地管理课堂，并设计各种学习活动。

如今，成千上万的学生已经开始在苹果零售店学习编程。我认为，在给孩子们提供他们所需要的机会时，我们必须打破常规，不能局限在学校和家庭的空间里。无论孩子们身处何方，我们都可以为他们提供访问机会，课前项目、课后项目、暑期项目、图书馆项目、博物馆项目、基督教青年会项目，甚至是零售店内开展的项目，这些都是很好的例证。

保障孩子获得技术之外的必需品

在重塑教育的背景下，当谈及确保学生能够获得同等机会时，我花了大量篇幅讨论与技术相关的事情，但我想声明一点，技术只是教育这个大拼图中的一小块。使用技术当然能够帮助挖掘学生的潜力，但如果兼备其他条件的话，技术能发挥的作用会更大。幸运的是，大部分从事科技工作并对教育充满热情的人都知道这一点，并且，我们也在试图以各种方式来确保学生能够拥有技术之外的必需品。

很多人可能还不知道普莉希拉·陈（Priscilla Chan）这个名字，她对教育和医疗保健这两个领域充满激情，并且，她正在通过融汇这两个领域默默地对孩子们产生巨大的影响。2007 年，作为一名哈佛大学生物学专业的学生，普莉希拉一边上学一边为附近社区的贫困学生做辅导，该社区长期被贫困、犯罪和帮派活动所困扰。在那里，普莉希拉目睹了在这样的条件下生活的孩子受到了多少伤害。

在接受《圣何塞水星报》（*San Jose Mercury News*）的采访时，普莉希拉回忆说，她曾辅导过一名门牙刚刚被打掉的女孩，还有一次见到了一个遭受暴打后满脸是血的小孩。“我意识到，如果这些孩子无法拥有健康、安全和快乐的生活环境，那么辅导他们的家庭作业根本毫无意义，”普莉希拉说，“这个想法影响了后来我在生活和职业生涯中做的很多决定。”

大学毕业后，普莉希拉（她是家中第一个大学毕业生）花了一年时间教四年级和五年级学生科学课程。随后，她选择继续深造，并于 2012 年获得了儿科医学学位，同年，她和 Facebook 创始人兼首席执行官马克 · 扎克伯格结了婚。即使突然变得非常富有，普莉希拉的内心对孩子们的热爱也丝毫未减半分，她选择继续在一家大医院担任儿科医生。她也从未忘记当初在辅导功课时的所见所闻，并发誓此生要为孩子们的生活带去改变。

普莉希拉和扎克伯格恋爱 9 年，Facebook 还没创建之前，他们在一个派对上排队上洗手间时邂逅了彼此。普莉希拉对扎克伯格潜移默化的影响，最终使得扎克伯格也对教育问题产生了兴趣，并与人共同创立了一个非营利性的基金会：“启动：教育”（Startup: Education），该基金会属于资助型基金会，致力于帮助所有学生获得高质量的教育机会。2010 年，普莉希拉与扎克伯格承诺捐赠 1 亿美元，用于资助新泽西州纽瓦克市各所经费不足的学校。随后几年内，该基金会还捐出几笔较小的款项。2014 年，该基金会又向旧金山湾区的学校捐赠了 1.2 亿美元。

但对于普莉希拉来说，仅捐钱是不够的。她永远无法忘记那些她辅导过的孩子们，他们的脸庞、他们的故事。许多孩子都急需帮助，她希望自己能在这个过程中发挥更积极的作用。2015 年 10 月，普莉希拉宣布她将开办一所免费的私立学校，致力于为学生提供“全童”（Whole Child）支持。对普莉希拉而言最重要的是，这所学校会将学生的健康与学术成绩置于同等重要的地位，她和扎克伯格称之为“健康和教育的整合模式”。普莉希拉意识到，如果学校只关注学生的成绩，而忽视有助于成绩提升的其他方面的话，反而难有成效。她需要找个正确的方式去开展教育，孩子们健康成长所需的条件一个也不能少。

在宣布学校成立一个月后，普莉希拉生下了她和扎克伯格的第一个女儿，取名陈明宇。对于这对夫妻来说，这是一个激动人心的时刻，因为他们尝试了很久，却几次都流产了。这次他们终于顺利生下这名宝宝。为了庆祝这个欢乐的时刻，这对夫妇宣布将 99% 的 Facebook 股票捐赠给健康和教育慈善机构，在他们宣布时，Facebook 股票价值超过了 450 亿美元。与此同时，他们的新学校也开张了。

学校于 2016 年 8 月正式开学。大多数传统学校都是从幼儿园招收 6 岁以上的儿童，但他们的学校则是一所对学龄前儿童至八年级的学生全面开放的全日制学校。学校还与初级保健提供商合作，确保在校儿童都能获得他们所需的保健服务。在人员配置方面，学校有一名全职医疗主管，负责与初级保健提供商协调沟通，并对教师、家长和教练进行培训，以满足学生们的健康需求。这些人员与家长们合作，共同为学生制订了“发展计划”，旨在定期追踪评估孩子们的身体、学习和心理等各方面的健康发展。学校官网上是这样描述的：“我校将小学教育和初级保健相结合，致力于从孩子们出生起就为其提供有效的教育、健康和家庭支持服务。为此，我校将扩大‘学校’的传统定义，以使孩子们能在大学、职业生涯和整个人生中取得成功。”

对普莉希拉而言，将上述这些关键因素全部纳入考虑以改善教育，意味着需要将所有关乎学生健康成长的相关人员全都聚在一起，其中包括教师、健康教练、家长、医生、社区领导和社区成员。尽管看到这一努力的结果还为时尚早，但是普莉希拉显然已经把握了重塑教育的关键点之一：想要成功，我们必须找到将多个关键因素融合在一起的方法，不仅仅要考虑学术成绩，还要考虑医疗保健、心理健康和技术。

尽管确保所有的孩子都能获得关键技术至关重要，但我们还必须确保他们在其他关键领域同样拥有平等的机会。教育体系如此复杂，没有哪种方式从一个角度出发就能完成重塑。

给学习者的启示

1. 未来学习三要素：①访问；②建构；③编程。

2. 访问的含义：每个人都能接上快速可靠的互联网，有机会接触非凡的教师、进入优秀的学校以及使用变革性的技术。

   在线教育的误区：将讲座内容原封不动地从课堂搬到网上，并没有为在线学习创建新的环境。将讲座录成视频，然后在线发布，属于最低端的教育技术化形式，与重塑教育无关。

08

建　构

学会动手实践

实践是最好的老师。

——托马斯 · 杰斐逊

马斯克的星际探索学校

一旦我们能够更好地确保所有学生都可以访问关键技术，并且其他关键条件也得以落实之后，那么就是时候开始考虑学生能够利用这些条件来真正做点什么了。这就涉及“未来学习三要素”的第二个关键点：建构。

企业家埃隆·马斯克在接受北京电视台的采访时说道：“教学生们解决问题很重要，但重点应该放在问题上，而不是放在解决问题的工具上。”2015 年，极富远见的特斯拉（Tesla）与太空技术探索公司（SpaceX）的创始人马斯克给他的 5 个儿子办了退学，他们原来就读的是一所专为高智商儿童开设的私立学校，但马斯克认为，该校教育无法满足 21 世纪对人才的需要。马斯克并没有开始费力寻找另一所他认为能够满足这种需要的学校，而是选择了开办自己的学校。他将一处他很少使用的房产改造成了星际探索学校（Ad Astra），旨在以更顺应孩子们各自天赋的方式去教他们。

星际探索学校没有学生成绩这一说，该校的任务是为每一位学生各自特殊的技能优势和热情所在而量身制定学习计划。最重要的是，马斯克坚持认为，学校应该围绕实践来设计教学。

“假设你正在教人们引擎如何工作，”马斯克在采访中解释道，“传统教学方式基本上就是，‘下面我们要教大家使用螺丝刀和扳手了’。但这很不好教。有一种更好的方法是，‘这是引擎。现在让我们将它拆开。怎么拆呢？哦，你需要一把螺丝刀’。”这样一来，就发生了两件重要的事情：其一，工具的相关性变得明显；其二，学生明确了他们学习的目的。所学即所获。

通过学习如何使用工具来解决问题，而非仅仅学习工具本身，这个理念就是重塑教育的核心。这正是我提出的“未来学习三要素”中的第二个关键点——构建的含义。仅仅将知识灌输给数字原住民是不够的，我们需要让他们亲自动手去做。学生必须能够亲自去创造、去发现、去构建事物。这就是马斯克的观念，这也是为什么他让自己的孩子从全美最负盛名的学校中退了学，并为他们开设了一所围绕“通过实践来学习”理念办学的新校。不论马斯克如何描述他的这一举动，本质上都是在将他的孩子们带入创客的新兴世界。

创客运动与创客文化

戴尔·多尔蒂（Dale Dougherty）发明了“创客”一词，用来形容那些喜欢制作东西的人（听起来似乎很简单），也可以指一名设计新型计算机的工程师，也可以指一个用乐高积木拼出一个能存钱的储蓄罐的小孩。“这个词本身很平常，含义却相当广泛，”多尔蒂在接受采访时说，“因此，我依然非常喜欢这个词。”

多尔蒂不仅是创客运动的命名者，还是创客运动得以快速发展、广受欢迎的主要推动者。2005 年年初，多尔蒂推出了双月刊《爱上制作》（*Make*），主要刊载如何制作一些事物的详细步骤指南。这本刊物的理念在于为 DIY 爱好者提供一些整合的资源，他们可以从该刊物中获取一些能手工制作出来的炫酷事物的信息。他当时给这本杂志的定位是对《大众机械》（*Popular Mechanics*）的补充（《大众机械》是一家发行量很大、以机械类新闻为主的杂志），差不多就是本满足一小部分受众所需的小众杂志。多尔蒂没想到的是，该杂志后来引发了一场文化和教育革命。此后陆续出现了多个新词、术语来描述和创客相关的事物，包括创客文化、创客空间和创客运动。

创客文化指的是有独特兴趣且抱有执着信念的人们在一起创造事物。学生们不再满足于知识的灌输，他们想自己亲自动手通过实践创造来学习知识。数字原住民一代喜欢将事物拆分解体，然后尝试去重新组合，并试图从中学会如何从头开始构建新事物。但是两代 DIY 爱好者之间有一个明显的差异，即较之以前的 DIY 爱好者，如今的创客更愿意相互合作。在创客文化中，人们有时候会约出来见面，然后在一起创建机器、机器人、小器具、家居用品，以及其他具有实用性的东西，他们在一起动手创建事物的物理空间被称为“创客空间”。

创客空间可以指整栋建筑，一个空房间，也可以指某间教室特别划出来的一小块区域。空间的大小并不重要，重要的是这个空间里有些什么配置。许多创客空间拥有一个优势，那就是这里通常拥有许多别处没有的工具，诸如 3D 打印机和其他用起来得心应手的工具（数字化工具或者实体工具）。当然，这些都是锦上添花，创客空间最主要的优势在于：在这里，人们能与其他志趣相投的人一起进行实时协作。传统的 DIY 文化正在逐渐被新的与其他人一起共同创造的文化所取代，而且，正是因为这种变化，才使得创客运动近来广受欢迎。

生活在这个信息大爆炸的时代，意味着个人更加难以脱颖而出。我们身边无数的人都和我们一样，期待着被接受、被认可，导致这种心理需求很难得到满足。针对这种现象，创客文化应运而生，它为如今的年轻人提供了明确的社交机会、自我表达的机会、自由创造的机会和脱颖而出的机会。就像所有人一样，数字原住民也渴望自主权，他们也希望能自由地做自己想做的事情，而不是做一些别人要求自己去做的事情。创客文化通过增强创客们的自主意识，来使其不再束手束脚，进而增强了他们的学习动机。这就是为什么一旦学校环境变成了创客环境，埃隆·马斯克的孩子们就开始喜欢上了上学，因为在那里，孩子们可以创建自己想要创建的东西。而且，为了创建那些东西，孩子们更有动力去学习所需的知识。

手工爱好者总爱在卧室、车库和工作室里进行各种捣鼓，对各种东西拆拆装装，要么还原成原状，要么创造出一个新的东西来。过去，在这些人中，很多人成了发明家，为现代社会提供了我们如今使用的一切，但当初他们没有什么机会与他人合作或者分享想法。正是这种分享和合作的愿望促使多尔蒂创办了《爱上制作》杂志及相关网站，以及一系列的创客博览会。

我认为，各类研讨会和科学博览会之所以长期保持小型规模，而且受众不多，其中很大一部分原因是因为大多数人没有机会接触到它们，或者认为他们的创造力不足，没有资格成为其中一员。许多人都说自己没有创意，但事实并非如此。乔布斯一语中的地指明了个中缘由："创造力就是将事物关联起来的能力。当你问及有创意的人，他们是如何想到某个创意的，他们会感到有些惭愧，因为这些创意根本不是他们想出来的，而是就摆在他们眼前。接触某样东西久了之后，创意似乎自然而然就出现了。那些创造者能够将已有的各种经验相互关联起来，然后合成新的事物。作为创客，并不意味着你必须天生具有创造力，你只需要保持一颗好奇心，并愿意去将各种事物关联起来。”

如今，多尔蒂创办的杂志、网站和博览会已经成为创客们寻找新的制作素材、分享制作出来的东西、结识新朋友和新合作伙伴的主要场所。网站创建不久后，创客们就开始安排线下碰面。没多久后，各种正式和非正式的创客空间开始陆续出现在学校、图书馆、博物馆和大学里。

在这些创客空间里，一样样令人惊艳的事物层出不穷：有机器人、无人机、主板、个人电子产品等。随着 3D 打印机的出现，现在人们几乎可以创建任何东西。正如《美国新闻与世界报道》上一篇重要的文章所述：“在得克萨斯州，一名 13 岁的男孩制作了一个可以在自然灾害中拯救幸存者的机器人。在佐治亚州，一名 15 岁的女孩设计制作了一种设备，当父母将孩子忘在车内时，该设备会发出警报。而在加利福尼亚州，一名 13 岁的男孩制造了一台盲文打印机，其成本不到现有盲文打印机价格的 80%。”

不管制作了什么东西，所有创客都有一个共同点，那就是不愿只做被动的使用者，而更愿意做一个主动的创造者，这个新角色是他们快乐的源泉。

现今的创客运动让我想起了 20 世纪 70 年代后期，斯蒂夫 · 沃兹尼亚克、史蒂夫 · 乔布斯以及其他一些早期黑客经常光顾的“组装计算机俱乐部”，在那里，计算机技术爱好者们一起合作、相互竞赛，制作新潮炫酷的电子设备。整个个人计算机行业诞生于这类俱乐部并非巧合。计算机行业又成了如今整个世界的基础。如果学校能更像创客空间，而不是记忆力赛场，那么孩子们的成功机会将会更大。

游戏里的开放世界

创客运动的流行以及它背后的文化，鲜明地展示了想要创造事物是基本的人类本能。这就是为什么乐高、林肯积木、橡皮泥和蚀刻素描等玩具得以长期占据畅销榜榜首的原因，更是为什么孩子们可编程操纵的乐高机器人能够后来者居上的原因。正如我们所见，创造事物的愿望源于一种更广泛的心理需求——自主权，而对自主权的渴望又源于另一种更深层的渴望——自由。如今，在数字原住民所做的所有事情中，他们都习惯拥有较大的自由和选择余地，而其中之一就是玩游戏，他们乐此不疲。

以前的游戏通常都是线性关卡设计，如今，桌面游戏《龙与地下城》（*Dungeons & Dragons*）和“选择你的冒险历程”（Choose Your Own Adventure）系列图书中的“开放世界”为数百万儿童和成年人的娱乐活动提供了空前的自主权。例如，在《龙与地下城》中，玩家开始踏上大规模的冒险征程，其中需要玩家在现场做出几十个决策，而每个决策都会将冒险征程引向完全不同的方向。正因为如此，没有任何两个《龙与地下城》游戏过程是一样的，因此，玩家每次玩时都能获得全新的游戏体验。

21 世纪之初，家庭电子游戏产业的规模开始赶超传统玩具产业，诸如《无尽的任务》（*Ever Quest*）、《魔兽世界》（*World of Warcraft*）、《最终幻想》

（*Final Fantasy*）、《侠盗猎车手》（*Grand Theft Auto*）等游戏都将其背景设定在大规模的开放世界中，玩家们的角色设定在某个神秘区域，身怀各种绝技，几乎能做任何他们想做的事情。游戏中没有规则，没有固定的路径，通常也没有输赢，甚至没法玩通关。

当时，许多游戏开发商纷纷质疑这些永无止境、没有输赢的游戏的可行性，他们认为，玩家需要规则、方向并且最终能打完才能得到满足。但事实证明，他们错得非常离谱！迄今为止，《盖瑞模组》（*Garry's Mod*，一款物理沙盘游戏，主要依靠用户来创建内容）已售出 1 000 万份；《魔兽世界》已售出 1 400 万份；《我的世界》（所有开放世界的鼻祖，游戏的整个过程就是构建事物，已成为有史以来最畅销的电脑游戏）已售出 2 600 万多份。所有平台上的销量都加起来的话，《我的世界》是有史以来第二畅销的游戏，总销售量高达 1.22 亿份！这证实了有非常多的人想要去创造事物，他们这样做并不是因为他们想成为“受过教育的人”，而是因为他们想在没有压力的环境中去学习、发现和创造。

数字原住民如今都被吸引到了电子游戏类型的开放世界中，而我们可以将这一点利用起来，使之与我们的教学体系交叉融合，从而保持他们学习的动力，这十分关键。举个例子，如今数字原住民爱玩的游戏中，有一种类型是“大型多人在线角色扮演游戏”。对于“孩子们想要的”和“学校提供的”差别在哪，单单这个名字就揭示了我们所需要知道的。“大型”指的是游戏世界的规模，规模的大小直接关系到玩家拥有多少自主权，规模越大，可选择的空间就越大。“多人”指的是协作，协作在当今现实世界中同样非常重要，但在许多传统教学中，协作却意味着“作弊”。“在线”指的是对互联网的使用，但在大多数传统教学中，互联网要么没用到位，要么滥用，要么压根就没有使用。“角色扮演”指的是玩家通过数字化身成为另一个人，这也再次证明了玩家对自主性和创造性的需求。“游戏”意味着玩起来要很有趣、很吸引人。

但大多数学校都回避开放世界式的学习模式，在这种模式下，学生的自主权在教学中占主导地位。随着年龄的增长，孩子们一级级地在我们设置的结构化的教育体系中向上攀爬，最终他们总是被迫抛弃非线性思维和创造力，而将注意力集中在直线路径上。我认为这是一个极大的错误。当前的教育不像是开放世界，更像老式游戏，对所有学生都设有相同的特定规则和线性路径。教科书也不能随心所欲地读，其中有必须阅读的章节，还有特定的阅读顺序。学校任务不是像大型多人在线角色扮演游戏那样，任由孩子们去“发现和探索”，而是像《吃豆人》（*Pac-Man*）和《大金刚》（*Donkey Kong*）等过时的游戏那样，需要孩子们记住固定模式、重复固定动作。如今，在学校玩的游戏只关乎输赢（等级、考试成绩等），无关于发现、创造和构建，但这些恰恰是孩子们想要的，也是他们需要的。考虑到所有人都认为创造力是天才的第一要素，我们的教育还在不断地抹杀创造力，这真是特别讽刺。正如著名的生物学家兼作家爱德华·威尔逊[①]所说，最重要的“不是智商，而是创造力”。我们看重的品质应该与教学中培养的品质保持一致。

前面提及的《我的世界》也许是目前市场上最受欢迎的教育类电子游戏，但它从未将自己归类到教育类游戏中。如果它真将自己定位为教育类

① 美国知名生物学家，社会生物学开创者，当今美国生物学翘楚。其代表作《半个地球》《人类存在的意义》《创造的本源》中文简体字版已由湛庐文化策划、浙江人民出版社出版。——编者注

游戏的话，或许它就不会拥有现在这般骄人的成绩。不管多么有趣，孩子们都不想玩教育类游戏。越来越明显的是，他们宁愿玩一款像《糖果传奇》（*Candy Crush*）这样按部就班、带点娱乐性的手游，也不愿意玩最好玩、最有趣的教育类或者学习类游戏。原因在于，一提到"教育"和"学习"这样的字眼，就意味着"工作"而非"乐趣"，而我认识的大多数人都愿意选择后者而非前者。如果你想做一款孩子们乐意玩的教育类或学习类游戏，那么千万不要使用"教育"或"学习"这类字眼，直接称之为游戏就好。

埃隆·马斯克没有将他的孩子们"留在地表"，而是进行"星际探索"，结果如何呢?

结果就是，"孩子们真的很喜欢上学"。马斯克说："他们发自内心地认为假期太长了，总想回学校。"通过构建事物，学校诱发了教学的终极工具——灵感和动机。它使孩子们想要学习，正如我在第 8 章关于"挑战式学习"中阐述的那样，我坚信，教学的最佳方式不是通过教师们讲授灌输，而是通过孩子们亲自实践来学习。我预计，随着数字原住民不断成长，需要更多的自主权，需要更多的方式去表达他们的创造力，创客运动和互动游戏还将继续流行。对他们来说幸运的是，还有一场大型运动正在发生，正以人们所能想到的最佳方式来为他们提供实现这些目标的途径，那就是"编程"，掌握技术的通用语言，这也是我提出的"未来学习三要素"的最后一个关键点。

给学习者的启示

1. 建构的含义：让学生亲自动手去做，亲自去创造、去发现、去构建事物。通过学习使用工具解决问题，而非仅仅学习工具本身。

2. 创客的共同特点：不愿做被动的使用者，乐于做主动的创造者。

09

编　程

掌握 21 世纪的外语

学习编写程序能拓展你的思维，能帮你更好地进行思考，并训练出一种思维方式，我认为这种思维方式在任何领域都有用。

——比尔 · 盖茨

12 岁的 TED 演讲人

“我一直对计算机和技术很感兴趣。”托马斯·苏亚雷斯（Thomas Suarez）站在灯光明亮、摄像机围绕的演讲台上说道。他正在加利福尼亚州的曼哈顿海滩附近进行他的第一场 TED 演讲，“我为 iPhone、iPod Touch 和 iPad 制作了几款应用程序”。

2011 年 10 月的一天，托马斯身穿一件浅蓝色衬衣，下身穿一条卡其色裤子，左手还拿着一个 iPad，用来控制身后的大型幻灯片。托马斯的演讲是关于让孩子们有机会学习如何创建和开发应用程序的重要性的。“很多孩子都喜欢玩游戏，”他说，“但现在他们想要制作游戏。”通过现场直播，托马斯让全世界都看到了这 4 分半钟的演讲。他浑身散发出自信的气场，通常这种自信都来自于某位大学教授或者高级工程师这类说话具有权威性的人。托马斯两者皆非，但他说话的权威性丝毫不差。孩子们想要什么，他非常清楚，因为他自己就是个孩子。

12 岁的托马斯站在 TED 演讲台上，他的轻松自如为这个演讲台增辉不少。托马斯在继续他的演讲时，谈到了乔布斯对自己的启发，以及他如何使用 iPhone 的软件开发工具包来自学制作应用程序。“我已经在学校里创立了一个‘应用程序俱乐部’，并有幸得到了老师的大力赞助，”托马斯说，“任何学生都可以来此学习如何设计应用程序。我就是以这种方式与他人分享经验的。”我认为，针对本书前面讨论的所有内容，这堪称一个完美的范例：天赋、动机、学习，以及数字原住民对于创造和分享的需求。这个例子也同样能使我们认识到，我提出的“未来学习三要素”的最后一个关键点——“编程”的重要性。

编程，又名计算机编程，是一种技术语言。不仅如此，我还认为，不论孩子年龄多大，都应该学习编程，这非常重要。我这样说并非因为我期望所有的孩子都能成为像托马斯这样的专业应用程序开发人员，而是因为学习编程的过程不仅对那些想当程序员或计算机工程师的人有益，它对每个人都有益。我不想创造一个充满计算机程序员的世界，而是希望人们能够在解决问题时像程序员那样思考。无论孩子擅长哪种学习方式，拥有何种智力类型，他在编程中学到的批判性思维都将使他受益匪浅。

为什么每个人都要学习编程

我认为编程是一项需要学习的重要技能，有几点原因。关于这几点，我依然倾向于由内而外地给出解释。在心理层面上，有证据显示，学习编程能显著提升孩子们的自信心。由于人们普遍认为编程难以学习、难以理解，因此，即使学习编程最基本的原则，也可以极大地提升自信心，让我们相信自己的能力和潜力。我见过自尊心低的孩子学完一个指令（让计算机图形走直线）后，就开始信心大增。正如之前看到的那样，托马斯作为活生生的例子也同样证明了这一点，自信心能提升学习的动机，而对于一个学习动机强的学生来说，他们有潜力去学习任何领域的知识技能并获得成功。

学习编程除了可以带来心理层面的益处之外，还能同时学会许多与计算机编程无关的实用技能。例如，学习编程可以提高批判性思维能力和计算思维能力，与学习数学如出一辙。它还给数字原住民提供了他们所需要的创造和自主空间。最重要的是，学习编程的成功可以复制到其他领域。让孩子们学习如何编程，目的不是为了编程，而是因为学习如何编程的过程能够培养孩子们的逻辑思维和视觉化思维，以及其他一些重要的知识和技能。

在教学生数学时，我们不会怀着希望他们都能成为数学家的意图，教他们数学是因为我们知道学习数学的过程会帮助他们更好地进行思考。学习编程也是同样的道理。但是，虽然没有怀着希望学生都成为程序员的念头，但教他们编程，不仅可以使他们成为更优秀的设计师和创造者，编程技能还能带来找到高薪工作的机会。事实上，计算机科学相关的职业已经成为大学毕业生薪酬较高的职业之一，而计算机编程相关职位的增长速度是全美平均水平的两倍，然而只有少数大学毕业生能够胜任这些工作。无论学习编程的孩子最终选择什么作为职业，在学习编程过程中所掌握的逻辑思维、算法和解决问题的技能都能使他们在其选择的职业领域受益良多。

编程只是计算机科学的一个方面，主要涉及对编程语言如 C ++、Java 和 Python 等内容的学习。但是，具体学习哪种编程语言，并没有学习过程本身那么重要。各种语言会随着时间的推移而发生变化，依赖于这些语言的技术也会随之变化，但万变不离其宗，计算机语言的工作原理和对使用方式的学习过程是基础性的。我并不是建议孩子去学习某种特定的计算机编程语言，而是在强调，要在学习编程语言的过程中去学习。正如挑战式学习的研究所揭示的，当涉及学习时，过程比结果更重要。

跟创客运动一样，编程也汇聚了数字原住民需要掌握的一些重要的技能，包括批判性思维、解决问题的能力和创造力。随着编程运动如火如荼地全面展开，人们终于开始认识到在这个数字化世界中精通编程语言的重要性。

方兴未艾的编程运动

许多人看完托马斯的 TED 演讲之后，对一个 12 岁的孩子能把编程学得这么好,并已经设计开发了自己的应用程序,纷纷感到很惊讶。但在如今，这种事情可能并没有人们认为的那么罕见。教孩子们计算机技能的想法很早就有了，早在 20 世纪 60 年代早期，在麻省理工学院的一个名为“计算机与未来世界”的研讨会上，就曾有一位备受尊敬的计算机科学家艾伦·佩里斯（Alan Perlis）在演讲时提出过。佩里斯认为每个人都应该学习编程，这应该成为基础教育的一部分。当然，那时候个人计算机还没有问世，大多数学生也都没法接触到大型计算机，因此，佩里斯的想法超前了他所属的时代。正如我们所见，直到 20 世纪 70 年代中期，Apple I 和 Apple II 发布后，孩子们才开始接触计算机，开始学习如何编程那就更晚了。

几十年来，计算机的普及程度越来越高，但人们仍认为，计算机技术是“书呆子”和“极客”才痴迷的。对于大多数人来说，编程似乎太抽象了，根本没法理解，对于孩子们来说更是如此，因为他们无法将其和任何他们熟悉的事物做比较。

2005年，麻省理工学院媒体实验室的米切尔·雷斯尼克（Mitchel Resnick）[①]开发了一款免费的可视化编程工具“Scratch”。传统编程对于那些不熟悉编程语言的人来说很难理解，与之不同的是，Scratch提供了一种可视化语言，用户可以借此来创建自己的游戏、交互式艺术、音乐和动画。它以可视化的方式向人们展示了可以利用编程做些什么，从而减轻了对于学习编程的恐惧感。如果将C ++和Java这样的语言比作是硬性毒品，那Scratch则是一款温和的入门级软性毒品。Scratch使编程逻辑变得更易于让孩子们理解，并让他们用Scratch从零开始去创造、去构建事物。它使编程变得易于操作、有趣并且吸引人。不久之后，一个大型的Scratch线上社区成立了，开始以“想象、编程、分享”作为口号。实际上，Scratch从一开始就是一个开源项目，旨在鼓励用户与他人协作分享。如今，全球已有一亿多人使用该平台进行交流。

2012年，一个名为CodeHS的平台成立了，该平台专为青少年打造，为各所高中提供在线课程和教学材料，由此，编程运动才真正开始在接受基础教育的学生中间盛行起来。同时，像“General Assembly”之类的营利性的学习编程集中训练营，以及像“编程女孩”（Girls Who Code）之类的非营利性组织，开始在全美各地涌现出来。

① 风靡全球的少儿编程语言Scratch的缔造者，历代乐高机器人的主导开发者，其重磅著作《终身幼儿园》中文简体字版已由湛庐文化策划、浙江教育出版社出版。——编者注

2013年初，当哈迪·帕托维（Hadi Partovi）和阿里·帕托维（Ali Partovi）兄弟决定为了帮助人们学习计算机科学时，教孩子编程的构想才真正得以发展起来，这可能是该历程中最大的转折点。如果说史蒂夫·乔布斯希望“在每所学校都配置一台计算机”的话，那帕托维兄弟则希望人们不仅能够了解如何使用计算机，还能知道如何使用计算机去创造事物。

为了传播这个想法，帕托维兄弟制作了一个视频，名为“大多数学校都没教的内容”，这个视频很快就在互联网上传播开来。没过多久，就有15 000多所学校的校长和老师联系了他们，寻求帮助。作为答复，帕托维兄弟推出了一个名为Code.org的小型网站，旨在“确保为每个孩子提供高质量的计算机科学教育，而不仅仅是少数幸运儿”。许多新闻媒体开始争相报道该网站，很快，该网站就成了编程运动的焦点。

Code.org很快发展壮大，并开始拓展其服务范围，延伸至课程设计、师资培训、政策咨询和市场营销。

就在Code.org推出的同年，Scratch 2也发布了，同样得到了媒体的大量宣传报道。2014年，极受欢迎的iPad应用程序ScratchJr继而发布，该应用程序旨在教授5 ~ 7岁的孩子们编程基础。ScratchJr开始在大大小小的教育圈内广受好评，主要是因为Scratch线上社区开始有人专为ScratchJr设计了相关程序，使其不仅可以教孩子们编程，还可以教他们数学、历史、摄影和其他几十个主题的内容。教师很快发现，自己能通过专门制定的程序来满足教学需求，于是开始更积极地将其运用到教学之中。

与此同时，Code.org继续在实现其愿景的路上全速前进。举措之一是在2016年，该网站与许多组织和学校开展大规模合作，发起了“编程一小时”活动。活动目标是将编程引入学校课程，并让人们认识到学习编程所能带来的巨大潜力。为了达到这个目标，“编程一小时”通过一系列简单有趣的60分钟教程来教授计算机编程的基础知识，主要是通过一个简单试水，来引出一个很多人认为很复杂、很难的课题。事实证明，活动效果很好，在2016年“编程一小时”活动期间，有将近2亿学生接触了编程。Code.org还特意将其与另一个活动——“计算机科学教育周”放在同一时间举行。

许多科技巨头公司为确保“编程一小时”活动的成功开展发挥了重要作用，其中包括谷歌、Facebook、微软和苹果。以苹果公司为例，我们在苹果零售店以免费科学研讨会的形式来推广该活动，参与者不但能同时接触到Code.org和苹果公司的Swift Playgrounds所提供的资源，还有机会自己举办“编程一小时”研讨会。苹果公司还投入了一系列的资源，发起了一个大型的“人人能编程”活动，旨在帮助每个人学习编程，不分年龄、背景和经历。不论是参与“编程一小时”活动，还是推出应用开发工具Swift Playgrounds，都是这项大型活动的一部分。

苹果公司推出了Swift Playgrounds，旨在引起孩子们的兴趣并教他们编程，我对此感到特别自豪。该软件让孩子们在对编程毫无概念的情况下，也能轻松编程控制无人机和机器人。通过简单的拖放操作，孩子们可以很清楚地看到指令是如何传达给计算机、指挥计算机进行各种操作的，以及观察计算机执行该指令。如果计算机没有执行该指令，他们可以修改调整指令，直到计算机正确执行为止。

该软件不仅在屏幕上向孩子们展示了代码，还提供了可视化的形式，让他们直接看见自己所编程的东西。例如，如果一个孩子正在学习编程控制着陆器在月球上着陆的角度，他能直接看到由自己编写的代码所控制的着陆器在月球上着陆的视觉画面。如此一来，他的代码就拥有了所见即所得的形式，这才是关键之处。该软件拥有四种类型的 Playground：在 Sphero 的 Playground 中，用户可以设计复杂路线来训练一个球形机器人；在 Dash 的 Playground 中，用户可以让机器人开口说话、唱歌，并对所在环境作出反应；在 MeeBot 的 Playground 中，用户可以让机器人行动自如、翩然起舞；在 Parrot 的 Playground 中，用户可以让 Parrot 无人机在空中进行飞行特技演练。

像 Swift Playgrounds 和 ScratchJr 这样的程序，Kodable、Tynker 和 Pocket Code 这样的应用程序，以及诸如 Code.org 的“编程一小时”、苹果公司的“人人能编程”、微软的“让计算机科学发挥其威力”和谷歌的“CS First”等活动，都旨在让无数的孩子、家长和老师能更加清楚地认识到编程所蕴含的巨大潜力，以及能对孩子们的人生带来巨大影响。还有另外一个重要的发展，近来愈发引人注目，那就是“乐高机器人”（LEGO Mindstorms）的创建及其成就，这是一个可编程的模型套装系统。而 Mindstorms 则出自西蒙·派珀特（Seymour Papert）的书《头脑风暴》（*Mindstorms*），该书很有影响力。“乐高机器人”使得孩子们可以把他们熟悉并喜爱的乐高积木的特殊版变成完全可编程的机器人。

在 1967 年到 1981 年间，派珀特是麻省理工学院人工智能实验室的联合主任，在此之前，他与著名心理学家让·皮亚杰共事。皮亚杰是自主学习和建构主义理论的重要提出者之一（建构主义理论认为，学习者会将他们已有的知识与新的经验结合起来，从中建构新的知识）。因此，我们在前几章中讨论了主张亲自实践的探究式学习的重要性，现在又提到在教育领域使用技术的巨大潜力，这二者的完美切合当然不是偶然。只是，随着人们越来越意识到编程运动的重要性，真正的问题是：对此，我们该做些什么呢？

学校中的编程教学

“第一台苹果计算机 Apple I 问世时，当时人们都没听说过计算机是何物，”斯蒂夫·沃兹尼亚克回忆说，“我把那台计算机带到了一所学校，向四年级到六年级的学生讲解了计算机的组成元素这类皮毛知识。”当沃兹尼亚克讲述这个故事时，我不禁想到，这可能是学生们有史以来第一次见到计算机。而如今，我们很难见到哪个学校没有计算机，最起码也有一台。但拥有计算机和知道如何利用计算机创造事物是两码事。

尽管大多数人都同意，孩子们了解计算机科学和编程知识很重要，但是对于如何确保他们真正有机会学习这些知识，人们的看法却不那么一致。应该由学校来教，还是由父母负责？应该属于选修课，还是属于核心科目领域的必修课？应该将相关课程设置在高中、初中，还是小学？最后，如果将其纳入学校的课程之中，考虑到学生们每天在校时间有限，哪些课程可以被取消掉呢？这些都是难以回答的问题，各个州和学区都在努力找出合适的解决之道。对于认为计算机科学或编程应该纳入学校课程的学校和学区，仍然存在一个很大的问题，即这类课程应归入必修课还是选修课。

我发现，大多数人都不愿受指使，这包括一切要求或命令他们去做的事。即便如此，整个社会已经普遍接受了一个观念，那就是一些学科非常重要，属于基础学科，所有学生在毕业之前都必须掌握，否则就不能毕业。在美国，这些学科基本上由三大学科领域组成：数学、科学和阅读。三大学科下面则是次级学科，该层次的学科往往也是“必修课”，但是不像三大学科那般受到重视，这类学科包括历史和社会研究等。再下一层的学科，则是曾经一度被看重的学科，但随着时间的推移，这些学科变得不再受重视，有些甚至降级为选修课，其中包括体育、艺术和音乐等。目前，在大多数学校，计算机科学、技术和编程主要被归于最底层。但这样安排合理吗?

2013 年,《教育乌托邦》(*Edutopia*) 杂志上有一篇文章，大意为“编程应该成为新的外语要求吗?”我认为这个问题提得很好，答案取决于整个社会究竟认为正规教育的目的是什么。如果我们认为教育主要是为孩子今后的职业生涯做准备，那么，可以说学习编程实际上比学习一门外语更重要。如果我们认为教育的目的主要是教孩子们如何思考，那么，没什么学科能比编程更能胜任于此了，编程在对思维的训练上极有可能比学习外语更有效。但是，美国几乎所有州目前都将会说一门流利的外语作为高中毕业的硬性要求。该文章还说,在高中将外语教学纳入必修课程的原因是“为了拓展学生们的沟通能力，进一步提高其全球意识和换位思考能力”。而对计算机科学的学习，不仅可以达到上述这些目的，甚至还可以提升其他能力，即便该学科仍被看作是一门选修课，而不是核心科目。事实上，有一些州已经开始对计算机科学另眼相看了。得克萨斯州最近通过了一项法规，即完成计算机科学的课程也属于完成高中外语要求。我认为这是朝着正确方向迈出的一步。

有人认为，计算机科学应该属于高中的必修课，像芝加哥这样一些有雄心的城市实际上正在做初步的尝试。但我认为，等到了高中才引入编程课程已经太迟了。编程的一些基础知识应该和数学一样，越早教越好，一些基本的概念早在幼儿园就应该引入。这些知识也可以整合到小学和初中的其他课程中去，一旦学生升入高中，他们就可以以选修课的形式继续学习计算机科学。在弗吉尼亚州和印第安纳州，数位素养已纳入其州立标准的强制性部分，成为所有小学、初中学校的学生需要掌握的科目。由于这些学生在小学和中学就已经学习了技术和编程的基础知识，一旦他们进入高中，继续深入学习计算机科学，甚至深入学习特定编程语言，就是再自然不过的事情了。

美国国家教育委员会的研究表明，目前美国有 25 个州要求州内学区允许学生用特定的计算机科学课程来完成对数学、科学或外语的要求。终有一天，计算机科学，至少是数位素养，将在世界各地的学校中成为必修课，就像如今的数学和科学一样。无论是将其作为单独的科目，还是整合到其他科目中，只要我们想继续享受数字世界带来的诸多优势，想在数字世界中取得进一步发展，那么，这就是必经之路。但是，要做到这一点，我们必须做好准备，愿意并且能够去帮助学校更好地了解如何教授计算机科学，并为他们提供教学所需的资源。如今，大多数学校甚至连一位计算机科学教师都没有，虽然 Code.org 和其他组织已经率先行动起来，帮助培养更多计算机教师，但我们仍有很长的路要走。

几年前，苹果公司在巴西做了一个应用程序开发实验。我们给 10 所大学提供了技术支持，每所大学的 100 名学生志愿者都学会了创建移动应用程序。没有提供任何结课证书，只提供了一个使用技术、编写 iPhone 应用程序的机会。在这次实验中，我们使用了挑战式学习教学法，要求学生的第一个应用程序必须在两周内出现在苹果应用商店中，在期中交出第二个应用程序，然后在期末交出第三个。经过这次实验我们了解到，编写应用程序的过程与创办公司的过程非常相似，因此我们进行了调整，将编程班改成了创业班。我在苹果公司的教育团队也开始与零售店设计师一起基于索恩伯格提出的模型来设计学习空间。这个项目相当成功，参与该项目的学生们要么在科技公司找到了工作，要么自己创了业。需求是实实在在的，我们要做的，就是增加供应以满足需求。

托马斯·苏亚雷斯的 TED 演讲视频已经被观看了 600 多万次，最闪光的时刻，是他没按稿子、即兴演讲的那一段。“如今，学生们掌握的技术知识通常会比教师们多那么一点点。”托马斯不由自主地说道，观众们随之笑了起来，表示赞同。由于意识到刚刚说的话可能跟他想表达的意思有所出入，容易引起误会，他又有些不确定该如何将演讲继续下去。于是，托马斯笑了笑，暂停了一会儿。“所以说，”他微笑着故意耸了耸肩，补了一句，“呃，对不起。”这是托马斯整个演讲中最纯真、最无辜的时刻，也让我们意识到，为了保证教师们掌握足够的知识技能以满足当今学生的需求，我们还有多远的路要走。

给学习者的启示

1. 关于学习编程最中肯的建议：无论孩子年龄多大，都应该让他去学习编程。

2. 学习编程的好处：①提高自信心；②提高批判性思维、计算思维、视觉化和逻辑思维能力。

技术解锁教育

智适应，为学习效率带来 10 倍提升

栗浩洋

AI+ 自适应学习 = 智适应

早在 100 年前，玛利亚·蒙台梭利就提出：“让孩子整齐地坐在教室里面，按照老师的步骤学习，就像是把一只只生龙活虎的蝴蝶钉在标本架上。”蒙台梭利大概是最早提出自适应理念的人。在传统教育中老师是课堂的主角，自适应则让孩子成为主角；传统教育让孩子去适应老师的教学内容，自适应让教学内容因孩子而不同……皮亚杰认为，老师教学根本不是教育，孩子自主发生的认知改变，才是教育过程。研究脑神经的科学家进一步发现，孩子的自主认知行为带动了神经元的增生，这种增生被不断重复就会固定留存下来。

100 年前，蒙台梭利用教具代替了老师，给幼儿一个学习的环境去探索，但是小学到中学的知识越来越抽象化，无法用简单的教具解决。60 年前，日本的公文式教育公司用自适应的理念席卷全球，开出了 28 000 家分店，第一次做到了品牌和内容的规模化教育。公文式教育在日本有 10 000 多家，在北美有 2 000 多家，在非洲还有 230 家，在《创业者》（*Entrepreneur*）杂志评选的全球连锁 500 强中位列第 37 名。它采用的方式是把所有的知识点都拆成纳米级的小颗粒，每个学生到学校后先测试级别，根据级别自己做题，虽然完全没有老师教授，但因为匹配的知识级别正好合适，知识点台阶也非常小，所以孩子通过大量的自主练习，不需要老师搀扶也可以一级级地自己跨越台阶。

这样一个在电脑时代之前就有的纸质产物，到现在仍旧存在，且用户超过千万，这说明不少学生和家长仍旧认可它的价值。但是，公文式教育在解决了抽象知识纳米级拆分之后，没有解决自适应理念的三个问题：第一，知识点是星云状的，而不是层级的，一个六年级的孩子可能掌握了六年级的一半知识点，但却没有掌握一些四年级、五年级的知识点。所以，不应该根据级别去进阶，而应该根据知识点去量身定做。第二，死板的进阶，即让孩子大量刷题，不能快进，这会给孩子的大脑刷上一层层水泥使其成为刷题机器，而智适应可以使学习能力强的孩子减少大量无用又无聊的刷题。第三，孩子几乎完全依赖自己，学校的老师主要起看管作用，如果孩子遇到问题则很难得到帮助，而智适应教育采用了名师的纳米级视频，三五分钟就能讲解知识点，并配合练习题目一起让孩子吸收。

因此，10 年前，全球出现了一批智适应公司，它们在缓慢发展的教育行业赢得了一席之地。如果从目前的发展速度和学生人数方面来衡量，这可能是过去几百年来前所未有的一个新的里程碑。过去的无论哪一种教育理念或者教育品牌，都不曾有这种趋势。

就连并行发展的、也在快速积累用户的网上公开课模式的两个领军者，可汗学院和 Coursera，也纷纷在一年半之前就将自己千人一面的授课形式改为千人千面。

自适应理论和相应的人工智能算法日趋成熟复杂，从传统的基于测试理论的 IRT（Item Response Theory）模型逐渐发展出了 KST（Knowledge Space Theory），BKT（Bayesian Knowledge Tracing），PFA（Performance Factor Analysis）等认知学习模型，应用了 HMM（Hidden Markov Model）和 Markov Chain 进行模型拟合和运算，有各种不同的拟合方式和扩展，最近还在此基础上延展出了采用深度学习算法的 DKT（Deep Knowledge Tracing）、多维度能力分解模型，应用 Reinforcement Learning, Contextual Bandit 和 AutoML 等新框架的算法，来提高自适应学习的可用性和可扩展性。

在人工智能应用上，新的数据包括学生的实时学习状态、心理状态、生理状态，也可以和传统的核心自适应算法结合起来提高自适应学习过程中沟通和干预的有效性。而知识点和能力点的学习也逐渐和基于自然语言技术（NLP）的 Semantic 模型 [比如 LSA（Latent Semantic Analysis）和 Coh–Metrix] 和 Knowledge Representation 技术相结合，产生新的人工智能创新机会，比如可用来实验和帮助真人学习的模拟学生，可自动学习、自我进化的模拟教师，实时人机对话的 VTA（虚拟教学助手）等。

2014 年 Knewton 、ALEKS、RealizeIt 等公司利用人工智能配合自适应，取得了几场人机大战的成功。国外大量的实证研究已经证明了人工智能配合自适应技术的学习效果。

智适应学习公司

ALEKS

ALEKS（Assessment and Learning in Knowledge Spaces）是一个基于人工智能自适应的评估和学习系统，最初由美国加州大学欧文分校的教授、博士生、软件工程师、数学家和认知科学家组成的团队开发，曾获来自美国国家科学基金会的数百万美元的资助。ALEKS 创造了“知识空间理论”的算法，并且被广为使用。

在 ALEKS 创立之前，美国和中国几乎所有的考试只能够测试出学生的水平，而不能测试出学生的知识空间的状态，也就是学生是否掌握了他们应该掌握的每一个知识点。

传统考试如果要知道学生对 500 个知识点的掌握状态，每个知识点需要测试 3 道题才有足够的精准度，也就是需要 1 500 道题。但如果采用知识空间理论和算法，一个智适应知识点扫描测试只需要 30 道题就可以清楚了解。

这是因为知识空间理论把每一个知识点都做了关联，比如某道题测试的知识点是“二元二次方程”，而学生掌握了，那么通过知识空间理论，我们就可以知道有 20 多个知识点不需要测试，学生也一定都掌握了。因为这 20 多个知识点是“二元二次方程”的“先决知识点”，或者叫做“前序知识点”，比如“二元一次方程”“一元一次方程”“求根”“加减乘除运算”等。如果没有掌握先决知识点，那本知识点是不可能掌握的。利用这个原理可以大幅度提升测试效率。

同时，知识空间理论在为学生提供学习建议的时候也会发挥作用。对于学生来说，重复学习已经掌握的知识点会让他们觉得浪费时间且产生厌倦感，而太难的知识点又会让他们觉得受挫，所以，要从知识空间理论中找到学生的能力边缘的知识点进行学习[①]，这些知识点被称为“甜蜜点”，是学生学起来最舒服最容易获得成就的点。其他对学生而言太难的知识点将被“锁住”，直到学生掌握了所有先决知识点后再打开。当 ALEKS 为学生提供一个新的知识点时，他们的平均成功率达到 95%。

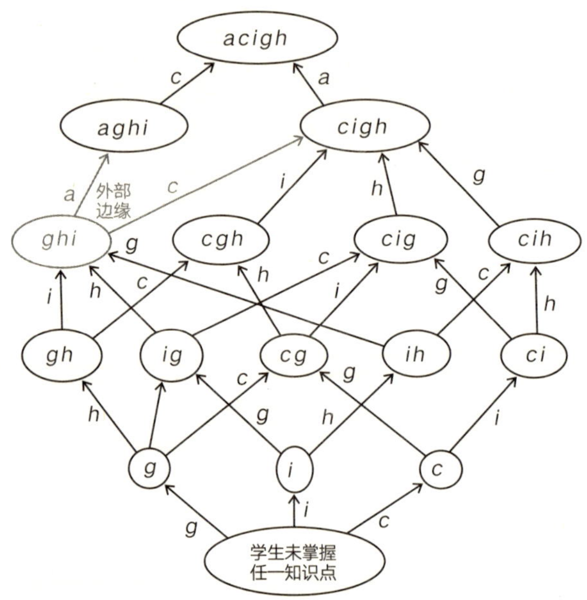

图Ⅲ -1　含有 5 个知识点的图谱

一个知识图谱代表一个学科的知识体系，不同的学生对知识的掌握程度不一样，对应的知识状态也不一样。一个知识点数量较少的简单知识图

① 可参考最近发展区理论。

谱可以较快穷尽所有可能的知识状态，如图Ⅲ－1 给出了含有 5 个知识点的图谱穷尽出来的所有可能的知识状态。但是，含有数百个知识点的复杂知识图谱是很难穷尽所有可能的知识状态的。图Ⅲ－2 呈现了含有 45 个知识点的图谱穷尽知识状态的复杂性。

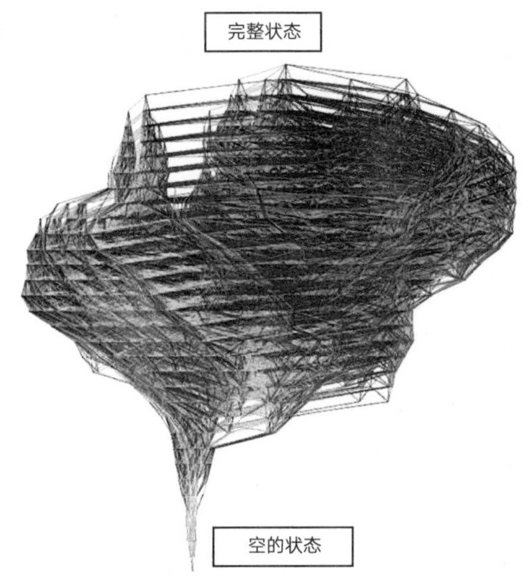

图 III-2　含有 45 个知识点的图谱

2018 年上半年，最新的国际学术研究进行了科学、严谨的对比实验，样本量达到 12 000 名学生，该实验再一次有效验证了智适应系统的学习效果优于传统授课。其中，发表在学习分析与知识国际会议（International Conference on Learning Analytics & Knowledge）上的论文《*Studying Adaptive Learning Efficacy Using Propensity Score Matching*》的研究发现使用智适应系统 ALEKS 数学课程的学生的课程通过率比未使用 ALEKS 的学生高出

15 个百分点；另一篇发表在国际顶尖学术期刊《化学教育期刊》（*Journal of Chemical Education*）上的论文《*General Chemistry Student Attitudes and Success with Use of Online Homework*：*Traditional-Responsive versus Adaptive-Responsive*》的研究证明智适应系统 ALEKS 能有效帮助中等和中等偏下的学生的化学成绩提升一个等级以上，大致相当于平均提升 20 分。

Knewton

Knewton 创立于 2008 年，成名是在 2014 年亚利桑那大学的著名的“人机大战”中。用智适应系统教学的学生取得了更高的通过率（17%），更低的退学率（56%），并且在这么好的成绩下，还有 45% 的学生提前 4 周就完成了学习。City Springs 初级中学是美国一所非常贫困的公立学校，在数学这门学科中，七年级学生的平均分数提高了 13%，八年级、九年级学生的平均分数提高超过 20%。南卡罗来纳州安德森市，2 500 多名五到八年级的学生使用 Knewton 提供的智适应引擎 Waggle 系统后，语言能力熟练的七年级学生数量增长 124%，八年级学生增长 93%。

这几次人机大战让 Knewton 赢得了广泛的媒体报道和技术声誉。在同一时期，采用网络公开课模式的独角兽公司优达学城（Udacity）和加州州长杰里·布朗（Jerry Brown）一起宣布的人机大战最终却因 71% 的学生不及格而以失败告终。所以，Knewton 的成功代表着 AI 智适应教育技术突破了网络公开课模式的互联网教育魔咒，其教学效果开始超越最优秀的人类老师。

在自适应学习技术上，Knewton 的最大贡献是将知识点做了纳米级拆分，结合算法和知识图谱来实现实时连续的人工智能自适应推荐引擎。

概率图模型（Probabilistic Graphical Models, PGMs）

概率图模型可以分成两大类，分别是贝叶斯网络和马尔可夫网络。Knewton 使用贝叶斯网络计算相关知识点之间的关联度，使 ALEKS 公司测试学生的每一个知识点掌握率的测试效果更加精准（见图Ⅲ－3）。

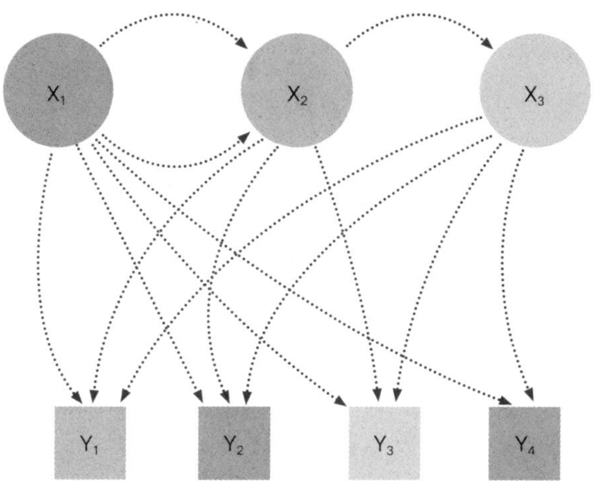

图 III-3 概率图模型

贝叶斯网络的应用也是推荐算法的核心。就像今日头条的推荐系统给不同的用户推荐不同的新闻背后的算法一样，智适应教育给不同的学生推荐不同的教育内容。

层级聚簇分类法（Hierarchical Agglomerative Clustering）

Knewton 使用机器学习过程中常用的层级聚簇分类法对学生进行实时分组和分类，从而形成适宜其相应程度的学习路径（见图Ⅲ－4）。

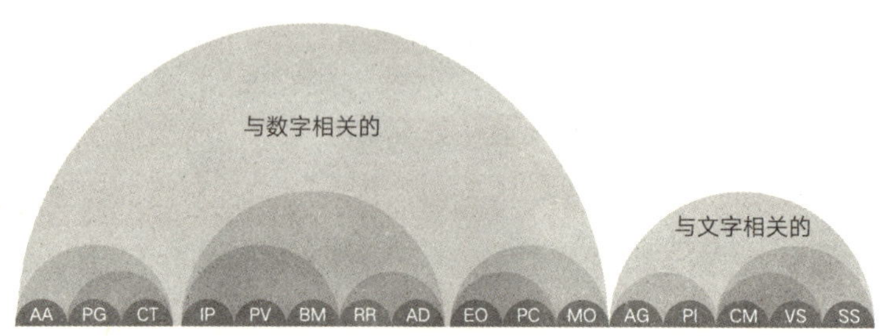

图 III-4 层级聚簇分类法

知识图谱（Knowledge Graph）

Knewton 建立了知识图谱结构模型，并应用标准化的图谱体系来建立完整可复制的内容体系（测试内容和教学内容）与系统宏信息（Metadata、Meta Information Model，比如学习目标、知识体系、教材大纲、考纲等）直接的关联，并以此驱动人工智能产品的方向和轨迹（见图Ⅲ－5）。

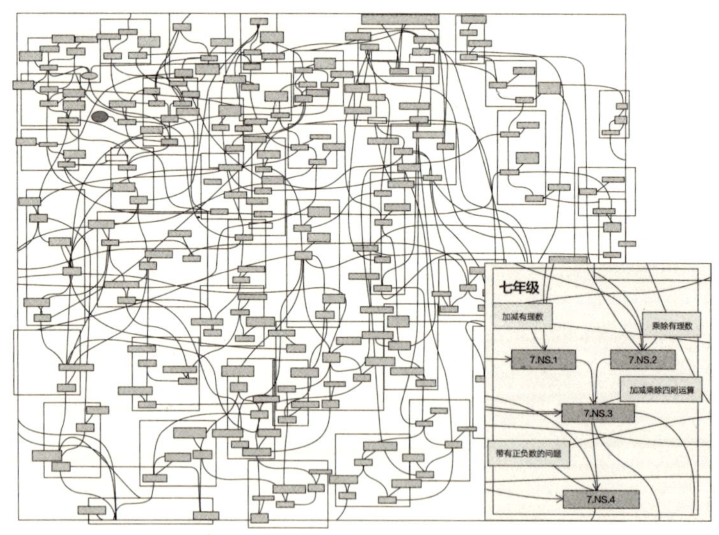

图 III-5 知识图谱

连续型的自适应，而非单点自适应（Continuous, as opposed to single-point adaptivity）

Knewton 连续型的自适应模型和相应的算法引擎，始终不断地伴随学生行为进行实时计算和预测，并随时推荐内容、活动和调整学习路径（见图Ⅲ－6）。

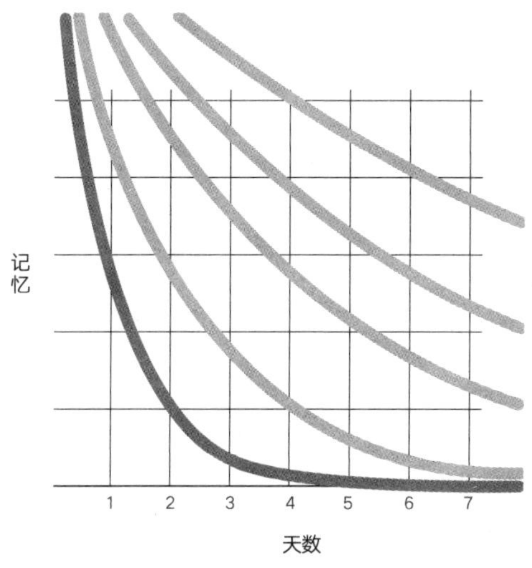

图 III-6　遗忘曲线

间隔重复和间隔加强等针对记忆曲线的应用（Spaced Repetition, Spaced Reinforcement and Memory Curve）

针对记忆性较强的语言学习类课程，Knewton 采用了针对基于记忆曲线和遗忘曲线设计的间隔重复和间隔加强算法，来保证学生的有效深度学习（见图Ⅲ－7）。

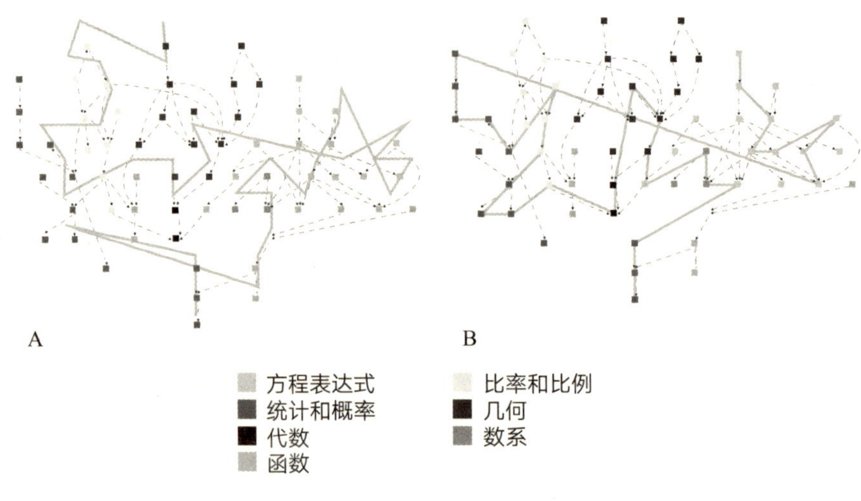

图 III-7　不同学生的个性化学习路径

RealizeIt

RealizeIt 是由 CCKF 公司开发的人工智能自适应学习产品。

RealizeIt 的内容是不可知的，它适用于任何学习领域，可提供任何形式的学习内容。它为每个单独的知识项提供丰富的学习内容库，在学生的学习过程中生成内容要素，并将其反馈给学生。每一项内容都是根据学生个人的认知特性和学习风格特别定制的。RealizeIt 提供基础结构，让内容具有关联性和适应性，将智适应智能引擎用于每个单独的学生，通过智能引擎将内容个性化。

RealizeIt 以智适应智能引擎为基础，模拟教师一对一教学过程。RealizeIt 首次实现了学习者个人技能的判断方法，在学生学习的每一个步骤中，根据学生的学习成果和模式为其提供最佳课程指导，能够为每一位学习者选择最佳学习路径，保证最有效的学习。最后以智适应学习引擎为基础观察并适应每个学生的可变技能、行为和学习偏好，利用自身的精确性和高性能确保每个学生能够享受最全面的个性化学习体验，从本质上模仿一对一的教师 – 学生学习情境。

RealizeIt 的课程利用知识先决网络这种多维结构补充了知识和概念的层级表示法，这是一种有向无环图，通过知识先决网络促进在 RealizeIt 系统中的学习，捕获学习者的更加全面和多角度的画像，同时，智能引擎能够根据采集的学生数据提升自身的准确性、效能和效率。

学习者画像的维度包括以下几个方面：

- 学习者的自信程度和自我评估。
- 完成智适应课程练习的时间。
- 回答学习问题时的表现。
- 学习方式偏好。
- 对先前的学习目标的掌握。
- 具有相似学习档案的学生过去的表现。
- 距上次接触相关内容的时间。
- 个人学习过程中取得的成效。
- 等等。

RealizeIt 还将智能系统用于为教师提供帮助，实现了教学课程定制化：

- 教师可以在智适应系统中添加教学内容或题目。
- 教师可设置或修改系统中分级的范围或分数。
- 教师可将不同的任务分配给每个学生。

• 教师可利用智能系统选择能力目标和学习目标、添加特定的提问模板、设计学生评估流程、导入学习材料、创建规则等。

RealizeIt 的系统还可以帮助教育决策者。例如，让教务长、校长、教育管理部门更加清晰地知道每一天发生了什么，而不是到每年全市统考时才知道结果。甚至每一个学生在学习时的每一个动作意味着什么，都可以从系统中得到实时分析。

研究结果表明：使用 RealizeIt 系统学习的学生的总体表现优于使用传统方法和在校教学模式的学生的表现。83.7% 的学生认为还会再次使用 RealizeIt 系统，82.8% 的学生认为与其他教学模式下的课程相比，RealizeIt 能够让他们更好地学习课程材料。与其他学习群组相比，使用 RealizeIt 学习系统的学生对教学方法的满意度更高。89.4% 的学生认为 RealizeIt 使用方便，并且能提供清晰、有用的反馈和指导；91.2% 的学生认为 RealizeIt 的教学方法清晰明了；86.9% 的学生认为 RealizeIt 系统提供的反馈对其后续的学习有帮助；77.7% 的学生认为 RealizeIt 给出的成绩评估方法有效；80.9% 的学生认为 RealizeIt 能准确衡量他们的水平；73.5% 的学生认为随着时间的推移，RealizeIt 能提供个人定制的学习；80.9% 的学生认为 RealizeIt 提高了他们的参与度。

松鼠 AI

松鼠 AI（Squirrel AI Learning）成立于 2014 年。2017—2018 年，松鼠 AI 智适应学习系统在三次国内教学人机大战中战胜了拥有 20 年左右教学经验的中学高级教师。在郑州的第一次人机大战中，教育部门把学生分成两组，一组由松鼠 AI 智适应系统教学，另一组由有 17 年教学经验的资深老师教学。最终的比赛结果是，接受松鼠 AI 教学的学生的成绩提升分数超过了资深老师组 9 分。第二次在成都的人机大战，松鼠 AI 的教学成果战胜了四川省教学实力最强的中考命题组老师。第三次人机大战，山东省教育部门选择了对电脑更不熟悉的三线城市东营的学生，并且派出了 17 位教学经验达 22 年的老师对学生实行一对三教学，最终，使用智适应系统的学生的平均提高分均高于接受真人老师教学的学生。这三次人机大战是亚太地区的人工智能教育公司仅有的 3 次公开比赛，得到了全球媒体的广泛报道，中央电视台、《参考消息》、湖南卫视、CNBC、NHK、《财富》杂志、《南华早报》、新华网、《第一财经》、36 氪等全球 100 多家媒体争相采访，成为轰动一时的事件。

图Ⅲ－8 显示了松鼠 AI 智适应学习系统的五大核心功能模块，包括智能推荐引擎（Intelligent Recommendation Engine System）、学习分析系统（Learning Analytics System）、多模块综合行为分析系统（Multi-modal Integrated Behaviour Analysis System）、虚拟助教（Virtual Teaching Assistant）和智能反馈系统（Intelligent Feedback System）。

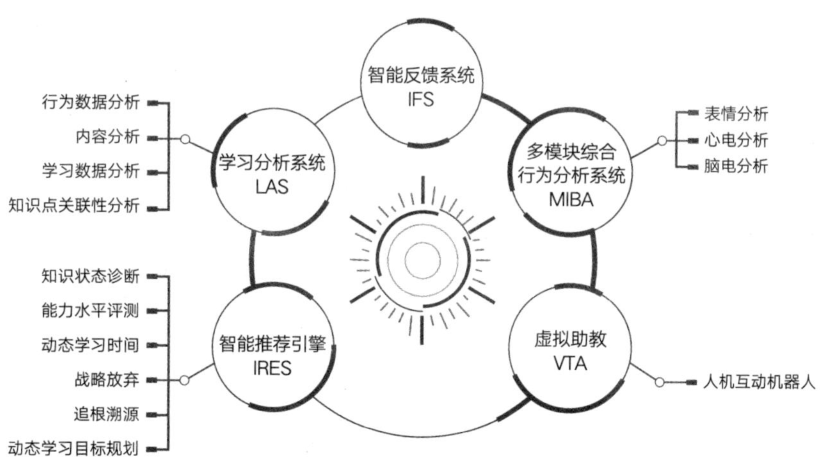

图 III-8　松鼠 AI 智适应学习系统

松鼠 AI 是国内最领先的智适应教育公司，在中国 30 个省、市、自治区开设了 2 000 多家学校。和海外同行都是推线上产品不同，松鼠 AI 认为教育产品会线上线下并存。有些家长不愿意或没有时间接送孩子，认为接送浪费时间，而选择让孩子在线上学习，而更多的家长会出于习惯或者学习氛围等原因，希望孩子到线下中心学习，那么他们在全国各地的 500 多个市、县、镇都可以找到松鼠 AI 的连锁学校。图Ⅲ－9、图Ⅲ－10 是松鼠 AI 模式与传统模式的对比。

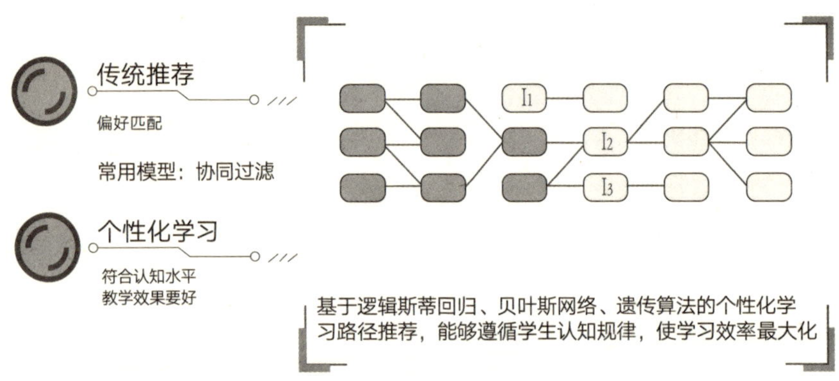

图 III-9　松鼠 AI 在学习路径和内容推荐方面与传统方式的比较

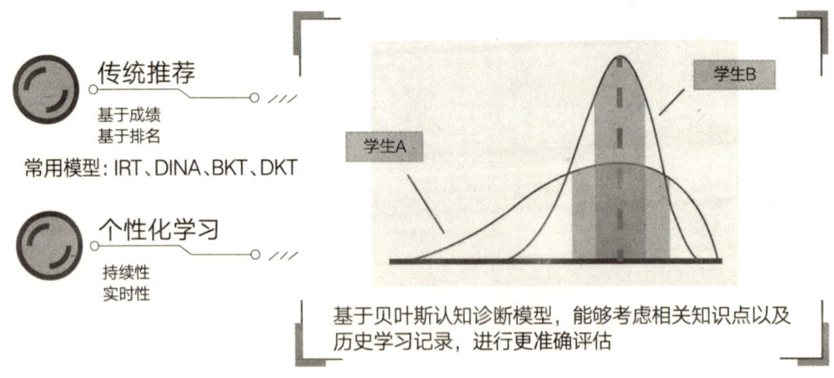

图 III-10　松鼠 AI 在能力水平评测方面与传统方式的比较

松鼠 AI 在技术上的突破有六个方面。第一，比海外同行更加精细的超纳米级知识点拆分，为学生提供更加精准更容易消化的学习体验。第二，用错因重构知识空间理论。很多学生在已经知识点掌握的情况下仍旧做错题目，错因分析就是要了解背后的原因。第三，非关联性知识点的关联概率，用来解决知识地图被 10 倍、20 倍扩充之后的测试和推荐难度问题。第四，是 MCM 体系让学生掌握可终身受益的学习本领。第五，采用类似 AlphaGo Zero 的对抗模型，用虚拟学生和松鼠 AI 虚拟老师进行对抗训练，从而快速完善优化模型。第六，在 2018 年加入并担任首席人工智能科学家的蒂姆·米切尔（Tom Mitchell）教授的指导下，松鼠 AI 开展的“每个用户参与训练调教 AI 模型”的最新的算法逻辑，在深度学习之外，很有可能走出一条更接近于人脑学习方法的、不依赖于大数据的 AI 算法之路。

由于出色的产品效果，松鼠 AI 推向市场仅仅 3 年，销售额就超过了全球人工智能教育的四大巨头。

以前 100 个小时要学 100 个知识点，但学生常常是花了 100 个小时，只学了不会的 5 个或 6 个知识点。在用 AI 改变这个世界的时候，只要能提升 3 倍、5 倍的效率，就是能垄断市场的，而松鼠 AI 能够进行 10 倍的效率提升，能够让所有的教育和学习变得更轻松、更简单，能够让这些孩子从繁重的课业负担中解脱出来，用四分之一的时间取得 3 倍的学习效果，同时把他的智慧用在更多发散性、想象性的学习上。

AI 教育不仅可以改变这些孩子的未来，也可以改变中国的未来。

PART 4

第四部分

技术助力学习的升级

时代和环境变化如此之快，因此我们必须始终着眼于未来。

——沃尔特·迪士尼

10

变 革

成为学习的创造者

教师的责任应该在于为创造提供沃土，而非传授现成的知识。

——西蒙·派珀特

为每个学生配备一名“教师”

试想一下，假如你是一个超级明星。我指的不是摇滚音乐明星，而是一位超级明星教师。你是一名高中的阅读课老师，在你的同事中备受尊敬，虽然你得同时教 30 个九年级的学生，但你依然热爱你的工作。几十年来，你的教学成绩大家有目共睹，你教过的学生都在阅读能力上有了显著的提高。能够激励并帮助那些最需要帮助的孩子们，为此，你备感自豪。就在刚刚过去的一年中，你就将几个学生的阅读能力设法提高了整整三个等级！刚开学时，你还常常想，他们比同级生差这么一大截，究竟是怎么升入九年级的？但现在，你为自己能有如此成绩而骄傲不已。

学生们在整个学年的学习中似乎都取得了很大的进步，但是其中也出现了一个小问题。显然，根据你所教授的班级的测试结果来看，你教得糟糕透了。这下，你不仅被标记为“表现不佳的教师”，还有可能被解雇。

这究竟是怎么回事？

学年开始之前，你们学校新来了一位校长，他最近了解到，与你们所在学区、所属的州乃至全世界的其他高中生的考试成绩相比，你们学校的学生成绩落后许多，这样根本不可能在学校排名中力争上游。“这也太丢人了。”新校长一上任就如此宣称，并匆忙下了一项新命令，不让任何一个孩子掉队，而且是立即执行。为了达到这个目标，他采用了一套综合性的“共同核心”（Common Core）课程标准，其中包括数以百计的标准，还要求所有学生都要过关。

对你而言，这意味着，不管你们班学生在八年级期末时是否已经做好九年级课程的学习准备，也不管他们在这一学年取得了多大的进步，这些都不重要。重要的是，他们是否能够按计划在九年级期末通过新设的标准。为了确保全体学生都通过，上级指示你只能采用新的综合性课程大纲（与去年的课程安排大相径庭），因为校长认为这个大纲更好。好消息是，学校依旧允许并鼓励你使用计算机、教师助理和导师等资源。坏消息是，你得自己想办法负担这些资源，而你只领一份教师的薪水。

在学年结束时，你们班所有学生都要在相同的时间内完成相同的测试，看他们是否能达到该年级的阅读理解达标标准。无论出于何种原因，任何没有达标的学生都将被留级，并且，你需要为此承担全部责任。

这种情况看起来很荒谬，但这正是如今发生在教师们身上的事情。就因为全班 30 名学生没能在短时间内满足某些武断的标准，教师们于是被贴上了“失职”的标签。在这个假设的情境中，因为你的学生们未能在指定的考试日期内达到九年级阅读理解达标标准，所以，你失职了。那些你帮助得最多的学生也没能通过他们的九年级阅读理解达标标准。而这些学生刚进你们班时，阅读理解还是五年级水平，一年下来到了期末，你帮他们提高到了八年级水平。但按照标准，这还不够。

现实是，全美各地的学校都对教师有如此要求。比如说，不久前，有研究人员在芝加哥学校体系内，针对一个五年级班级的学生的阅读理解水平做了调研。研究显示，该班级内有一名学生已达到了八年级阅读水平，而另一名学生还处在一年级阅读水平上。事实上，这项研究发现，就在这一个班上，学生们的阅读理解水平分布在六个不同的等级上。这意味着要让所有学生在学期末达到年级达标标准，又要给那些在阅读水平上已经达标甚至超标的学生们提供具有挑战性的阅读任务，要完成这样的教学任务，即使他们的教师是一位超级明星教师，时间也绝对不够用。

教师、学校管理者和教育决策者各自所持的教育目标和期望并不一致。因此，每个人对教师应该做什么、如何做以及应该何时完成都持有不同的看法。最终的结果就是，我们简直就是在要求教师们每周都要创造奇迹。教学时间毕竟有限，要求教师在有限的时间内满足每个学生的需求，这根本就是不可能的事。记得史蒂夫·乔布斯曾经要求我在极短的时间内完成创新项目时，我总会对他说："我相信奇迹，乔布斯。但要奇迹按时发生，我可做不了主！"

斯蒂夫·沃兹尼亚克是美国商业界的一位知名人物，最著名的事迹当属与史蒂夫·乔布斯共同创建了苹果电脑公司。虽然乔布斯的知名度更高，却是沃兹尼亚克亲手制造了第一台苹果电脑，由此，苹果公司才得以在 1976 年成立。一年之后，沃兹尼亚克带领一个小型团队，设计开发了 Apple II 计算机。随后，Apple II 计算机与乔布斯的天才营销手段强强联合，为苹果公司成为当今的标志性品牌铺平了道路。

2017 年 10 月，沃兹尼亚克推出了一个名为“Woz U”的全新在线教育平台，该平台提供编程和多个计算机科学项目，旨在“使学生熟知数字工程相关概念，推动他们进入科技行业”。他还推出了“认证教育者计划”，旨在“培养发展教师必要的教学技能，使之成为学生的协助者，共同参与到由技术驱动且基于项目的学习中去”。

然而，“Woz U”绝非沃兹尼亚克涉足教育领域的初次尝试。事实上，他从小就有两个梦想，其一是当一名工程师，还有一个就是当一名教师。他在工程领域的壮举如今早已被载入史册，但很少有人意识到，他同样完成了他的另一个目标——斯蒂夫·沃兹尼亚克还是一位教师。“当一名教师是我一生所愿，”他在最近一次采访中坦承说道，“所以，我成了一名教师。”沃兹尼亚克曾在长达 8 年的时间里，每周一次，向五年级学生教授关于技术和计算机的课程。

对于认识沃兹尼亚克的人来说，他对孩子的喜爱是有目共睹的。有一次，我在家里邀请沃兹尼亚克和其他人聚餐，本书的合著者贾森带着他 10 岁的儿子迈尔斯来了，没过多久，沃兹尼亚克就丢下我们带着迈尔斯找了个安静的地方单独聊天。几分钟内他们就聊开了，沃兹尼亚克开始教迈尔斯一些数学技巧，还与迈尔斯分享了自己年轻时的一些鼓舞人心的故事。那天，沃兹尼亚克和迈尔斯一直聊到聚会散场。然而，如果在正式场合被问及关于教学的想法时，沃兹尼亚克心里总会五味杂陈、感想颇多。

一方面，沃兹尼亚克赞同我对每个孩子都拥有内在潜力的看法，以及动机在学习中起关键作用的看法。他在教学时遵循的经验法则很简单：知识不如动机重要。“虽然教授知识很重要，”沃兹尼亚克说，“但让课堂变得有趣，让孩子们发自内心地想要学习，更加重要。我一生之中取得的所有成就，无一不是我发自内心想要做的事情。”

另一方面，虽然沃兹尼亚克非常喜欢教学，但他也同样讨厌教育管理者明确指定他应该采用哪种教学方式。“问题在于，作为一名教师，你甚至连自己的教科书教到哪一页都没法做主，”沃兹尼亚克说，“校长直接给你一本教科书，要你签订一份合同，以确保你将在星期一上完这几页，星期二上完那几页，星期三再上完几页等，每天都要按部就班地教。如果有一天，学生去了一个大型基地考察，或只是忙着聊天，没有完成当天的任务时，你也不能再教一遍，学生们没学到那几页教材内容就算了。问题就出在教育体系本身。”

本章开头的那个假设的情境，再加上沃兹尼亚克的教学经历，都说明了在一个本身就漏洞百出的体系里，一名学校教师试图做好本职工作有多困难。想要修补这些漏洞，理论上很简单：我们必须为每个学生提供个性化学习。在教育中，个性化学习又被称为差异化教学。但是，理论和实践之间相差着十万八千里。对于教师而言，要做到差异化本来就很难，而当他们教学时间有限、所教学生又多时，想做到差异化就更不可能了。虽然有些学生能够跟上任何特定的课程，其他许多学生则不行，教师经常被迫选择放弃那些掉队的学生。这就是为什么我们有时会看到，一些明明很聪明、很有创意的学生在学业表现上会不尽如人意。“我当时就很不喜欢给学生评分这种做法，我希望每个学生都能够取得进步，”沃兹尼亚克回忆说，“但是，如果一个班上只有 6 个学生，哪怕是 17 个学生的话，也要比一个老师带 30 个学生容易得多。我发现，这种大班的教学形式是教育体系中最大的弊端。”

最终导致沃兹尼亚克及其他一些人离开制度化教育体系的原因，正是我所说的“教师困境”。学校没有为教师们提供足够的资源，导致他们无法切实满足当今学生的需求，与此同时，教师们还要承担诸多不切实际的要求。这构成了教育运作体系中的一个基本缺陷，即无论教师多么优秀，他们都没有时间或者资源，去同时为几十个学生提供个性化学习。

面对如此多的学生，要确保每一位都能学有所获，即便是最有经验和最有天赋的老师，也绝不可能在如此重任下应付自如。一周之内要去找材料、备课，再将适当的学习活动安排到学生们中间展开，同时这些学习活动还得帮助每个学生克服他们独特的差距和不足，对于教师而言，根本就没有足够的时间完成这些事情。正因为如此，教师们被迫将全班学生都归为一种平均水平（这种平均水平压根是不存在的），被迫放弃学习的有效性，转而追求“泰勒式”的效率性。这导致了学习表现较差的学生和学习表现优异的学生都没法进行有效地学习。古语有云：“如果你想取悦每个人，那么最终你谁也取悦不了。”托德·罗斯博士关于个体科学的研究表明，在教育领域也同样如此：将学生都归为平均水平的教学模式最终会导致谁也没有教好。

重塑教育用来解决教师困境的方法包括了利用心理疏导和使用技术相结合的方式，卸下教师肩头沉重的负担。之前我们从心理层面上进行了讨论，并重新反思了自身对学生的看法。他们是谁？他们有些什么能力？我们能做些什么来帮助他们？我们还研究了如何更好地激励学生，以及为了提升学生成功的机会，我们可以做的具体事情。但要想真正满足学生的需要，同样必须尽力满足教师的需求。由于几乎每位教师都试图在有限的时间内用统一的教材去教几十个学生，所以他们心里都清楚，要想有所改变，第一件要做的事就是缩小班级规模。这也正如沃兹尼亚克之前所说。

但是一个班级究竟应该容纳多少个学生呢？最理想的师生比例到底是怎样的呢？“每个学生配备一名教师。”沃兹尼亚克说。换句话说，为了解决教师困境，我们必须降低对单个教师实际能力的期望，并努力实现 1：1 的师生比。“当然，”沃兹尼亚克补充道，“我们永远无法实现为每个学生提供一位‘人类’老师。”

沃兹尼亚克此言意在突出技术的重要性——技术是一种有效手段，能帮助我们切实达到 1：1 的师生比。令人感到高兴的是，在过去 10 多年中，技术的发展突飞猛进，如今完全有可能做到这一点。然而，在开始研究采用哪些具体技术之前，我们不妨先仔细探讨一下大的环境背景，这点很重要。要想真正了解一件事，必须将其置于适当的背景之中，技术的使用也不例外。从重塑教育以解决教师困境这方面来说，需要的大环境是“改变”。技术早已日新月异，如今通过人工智能、自适应学习软件、虚拟现实技术和增强现实技术等，我们可以开始设计并落实 1：1 师生比的个性化学习环境，从而使教师走出困境、迈向成功。

孩子们也变了。相较我们小的时候，如今的孩子早已今非昔比，正如我们所见，数字原住民这一代人与之前的任何一代都有很大的不同。由于互联网、移动设备和社交网络等的存在，他们在社交方式上发生了很大的变化，不仅如此，他们的身体同样发生了变化。回想一下，约翰·梅迪纳的研究结果表明，所有人大脑的生理联结都不同于彼此。同时，孩子们做的事情也与以前大为不同。如今我们生活在一个移动、相互联通的全球化世界中，不再受到物理空间的限制。

数字原住民总是处于活跃状态，要么在现实世界中活动，要么在虚拟世界中活动。他们很少坚持使用某项特定的技术以及从事某项工作，要不了多久，就要换新的。数字原住民一路从 MySpace、Facebook、Twitter 到 Instagram 再到 Snapchat，他们感到腻了就会转向新流行起来的事物，这只是时间问题。还记得电子邮件吗？虽然很多成年人仍然依赖于此，但数字原住民却极少使用。正如上次晚餐时，我的小侄女语气温柔地提醒我说："只有老人才用电子邮件呢！"这是真的。如果我发电子邮件给我的某个孙辈，我必须发短信或者在 Snapchat 上发消息告诉他们，让他们查收一下。如果我们希望能与数字原住民打成一片，从而教给他们知识技能，我们就必须愿意与他们一起"喜新厌旧"。

人们看待成功的方式也变了。年轻时，成功对我们而言意味着能够在一家大公司或工厂找到一份重要工作，一步步晋升，最终从这家公司退休，退了休之后就可以在沙滩上晒太阳了。然而，对于大多数数字原住民来说，一生只为某一个雇主效力、只做一份工作的想法太没劲了。就解决教师的困境而言，这意味着每个学生对成功的理解可能和我们设想的有很大出入，我们必须重新思考这一点。死板的成绩和标准化测试的分数无法给我们提供任何答案。然而，如果评价是基于进步程度和掌握程度的，那便能更有效地评估学生在任一时段取得的成功。在信息大爆炸时代成长起来的孩子不再愿意选择一件事后坚持到底，而更乐意于随着时间的推移，去感受和体验许多不同的事物。为了适应这种变化，我们必须在学习过程中为学生提供更多选择。更多的选择会令孩子们产生更多的兴趣方向，从而激发更多的动机，最终取得更大的成功。没错，这里的成功不仅指的是多个孩子的成功，还指一个孩子在多个领域的成功。对于数字原住民而言，通向成功的过程比成功的结果更加重要，因此，或许他们接受的教育同样应该将重点放在过程上。

教师的角色转变：为知识提供背景

这几十年来，教师的角色也发生了改变，但没有向着积极的方向变化。自从泰勒主义出现在美国教育领域，教师的角色已经从“为学生迈向成功做准备”转变成“为学生通过考试做准备”。年复一年，一批批原本大有可为的新教师满腔热忱地进入教育行业，正甩开膀子准备开始做他们本应做的事——帮助孩子取得成功时，便被现实泼了一盆冷水。他们也像沃兹尼亚克那样意识到，教育体系根本就不是为了帮孩子取得成功而设计的。

我收回上面那句话。好吧，我们的确希望孩子成功，但仅仅是针对测试而言！难怪有一半以上的新教师会在任教 5 年之内就离开这个行业，也难怪几十年来美国一直有着严重的师资短缺问题。教师角色已经从激发动机转变为创造奇迹，随着时间的推移不仅毫无改观，势头甚至有增无减。如今，是时候该改变这种现象了。请记住，所有教师、家长的最终目标应该是识别每个孩子内在的激情和独特的天赋，然后加以培养，而通过强迫教师去教会孩子们如何通过测试，是无法达到这个目标的。我们要改变一种观念，即教师们美其名曰导师，实则是我们聘请来帮助孩子们准备测试的。我们还应重塑教育体系，将其设计成一种同样能释放教师潜力的体系。

重塑教育也意味着改变教师的角色，他们的任务不应再是给学生指出教科书中需要阅读的章节、给学生们分发练习册并要求他们记背其中的内容、依靠标准化测试来评估学生们的学习成果。教师的角色应该转变为帮助学生认识自身的天赋，从信息的传递者转变成为学习的促进者。教师不能继续执行传统的教师职能，而应提出开放式问题，指导学生开展开放式活动，向每个人提供个性化反馈，确保课程具有高度的相关性和趣味性，教师应提供真实范例和虚构范例，促进学生们的协作能力和创造力，针对问题模拟解决方案，并让学生积极投入到各自的学习中去等。

我不禁想起，大学的时候，那些期末让学生开卷考试的教授们总是最有意思的。比较好笑的是，学生们经常一听到开卷，就认为这门课程肯定很简单，因为不用背什么。但如果你参加过精心出题的开卷考试就会知道，这类考试其实最难。要想在开卷考试中获得好成绩，你就必须知道自己需要什么信息、在哪里能获得这些信息，以及这些信息在问题所设置的环境背景下究竟意味着什么。然后，你必须形成一个自己能够解释清楚的论点（也就是答案），并且你的答案要能言之成理！从某种意义上说，这种类型的测试不仅能用来评估成绩，同样也是一种学习方式。我发现，对于开放型试题，有一个评判其质量高低的通用规则，即如果谷歌、维基百科或 Siri 能回答试卷上的问题，那这些题目质量就属于低的。我们不应再继续向孩子们灌输既定的问题和答案，而应引导他们通过自适应过程去自己发现问题和答案。

身为数字原住民的老师，意味着要了解学生们是积极的学习者，深知他们想成为学习内容的创造者，而不仅仅是吸收者。正如我们所见，有各种各样的方式能激发学生们成为创造者，包括使用探究式的学习框架（例如挑战式学习模式），还可以通过其他方式，例如使用物理仿真技术和虚拟现实技术、建立长期的学习档案、开办展览、组织实地考察、邀请嘉宾演讲等，尤其要注重学生的建议和参与。你可能还记得，我们在前面关于动机的章节中讨论了学生选择的重要性。学生的建议其实比学生的选择更为宽泛，这是教师最强大的一项工具，但很多教师都没有将其利用起来。

梅利莎·巴特利特（Melissa Bartlett）是2003年北卡罗来纳州年度最佳教师，也是美国年度最佳教师决赛选手。如果想找个完美的例子来说明如何利用学生的建议来提高学生参与度，那非她的教学经历莫属了。我的合著者贾森的第一本书是《与美国最好的老师对话》（*Conversations with America's Best Teachers*），在这本书中贾森对巴特利特做了简单的介绍。正如巴特利特在书中自述的那样，“从最初的学习规划开始一直到期末给学生们评分，这整个过程我都会采纳学生们给出的建议。我之所以能成为一名成功的教师，这个做法的确是关键”。

巴特利特可不是在开玩笑。在巴特利特的语言艺术课上，她所开展的一切教学活动都采纳了学生的建议，学生们都是主人翁。从课程开始的第一天起，她的学生就开始参与制订课堂规则以及违反这些规则应受的惩罚。对于接下来的教学大纲，学生还参与决定应该使用哪些书籍和资源来学习，以及如何学习——包括采用《危险边缘》这种智力竞赛游戏或类似的形式、角色扮演或媒体创作等形式。学生们自行或与她一起制订课程计划、设计评分和评估标准，并在整个学年中都保持着高参与度。因此，学生们的自信心和学习动机均得到了极大地提升，同时，他们的分数和成绩也都提高了很多（虽然这不是重点）。

如今，有效地教育学生也意味着要摒弃一个传统的观念，即认为精通教材内容是优秀教师最重要的素质。精通教材如今已然不再那么重要，因为学生们动动手指点击滑动，就能轻易获得知识内容。数字原住民可能不需要教师精通学习内容，但他们确实需要教师擅长于为知识提供背景环境。最能激励数字原住民的，往往都是那些跟他们自身联系非常紧密的事物。对于他们而言，**单单教授“是谁”和“是什么”这类知识是不够的。他们**

想知道“为什么”。“为什么我需要知道这些知识？这为什么重要？”因此，教师现在的角色应该是尽可能使课程内容与学生的世界建立起相关性。这是确保学生发自内心想要学习，并持续在各自的学习中保持积极性的有效方式。在今后，擅长提供背景知识将成为教师的核心竞争力。

人们对优秀教师的定义发生了变化，但这些变化并非因为技术本身，而是因为技术所创造的条件。这些年来，技术悄然渗入我们生活的方方面面，孩子们在这个环境中成长，很多时候，他们接受技术的速度是大人始料未及的。我相信，每个有孩子的人都会经历一些类似的有趣故事。一个孩子去奶奶家玩，问她为什么电话“长着尾巴”。我的一个侄女对她奶奶说：“我爱你，奶奶，但除非你家连了 Wi-Fi，否则我是不会在你家过夜的。”说这话的时候我那侄女才 4 岁！像这样的事情说起来可能蛮好笑的，但同时也提醒了我们，在技术世界中长大的孩子们是多么不同。

最重要的教学技巧：提高学习的关联性

我经常谈到，学习的相关性对于学生而言非常重要。**提高学习的相关性，可以提高学生的主人翁意识、激发他们的好奇心，并帮助教师释放学生的真正潜能**。但是，“提高学习的相关性”到底是什么意思呢？我们如何让相关性较低的课程看起来联系更紧密？技术在这个过程中又能起到什么作用？换句话说，在现实中应该如何将理论落到实处？

这些问题提得都很好，我对这些问题给出的答案是一致的：对于数字原住民而言，教师在教学过程中使用技术，那就是在提高学习的相关性。

要吸引如今的学生，课题本身的相关性并不重要，重要的是上课的方式。如果方式得当，便能化腐朽为神奇，将无聊的课题变得新鲜有趣。比如说，在如今大多数学生喜欢的读物排名中，莎士比亚的书排名并不高，但通过使用技术使学习过程本身变得更具相关性，学生们的参与程度一下子就提高了。

纽约州罗斯林高中距离曼哈顿大约有一小时的车程，拉里·瑞夫（Larry Reiff）是该校新来的一名人文课教师。拉里有着多年的莎士比亚经典作品授课经验，但他从未像现在这样创意迭出：他融入了技术，让莎士比亚的作品更加贴近学生的生活，更有吸引力。在整个课程计划中，利用技术来引入每一个新课题，使得拉里能够帮助学生更好地理解作品，并让学生有机会以最适合他们个人学习风格的方式将对作品的理解表达出来。

例如，在讲授《罗密欧与朱丽叶》时，拉里选择了福尔杰莎士比亚图书馆版，因为这个版本没有加入任何舞台说明，这让学生得以把精力专注于故事、人物关系和情感本身。学生们会先研究序幕，并制作一部短片。当学生们开始研究剧本时，拉里让他们大声朗读出来，并尝试不同的语调变化。这项练习让这些年轻人明白，一句台词有多种解读方式，能传达出不同的意义。他还鼓励学生们尝试不同的声音效果，观察音效对场景的情绪基调有何种影响。

由于几个小组都有各自的版本，于是拉里让他们将针对各自选择的场景进行的舞台表演、动作设计、声音演绎和音效等方面的成果全都汇集到一个 iMovie 作品中，各个小组再与班上其他的小组一起分享各自的成果。这样一来，通过活跃的课堂讨论，每个人都从同学的解读中对莎士比亚的语言有了更深入的理解。

一旦学生们了解了舞台说明和声音演绎对表演的影响，拉里就让他们开展一项新的活动，以加深对该戏剧的理解。拉里让学生们观看了《罗密欧和朱丽叶》的两个电影版本：1968 年由佛朗哥·泽菲雷里（Franco Zeffirelli）执导的版本和 1996 年由巴兹·鲁尔曼（Baz Luhrmann）执导的版本。然后，拉里让学生们讨论了两部电影之间的差异，这样不仅加深了学生们对戏剧的理解，还让他们意识到了不同的演绎方式对观众的态度和情绪产生的影响。

拉里还用了另一种教学方式，给学生提出挑战：如果罗密欧被驱逐出维罗纳城之后，朱丽叶和劳伦斯神父在 Twitter 上讨论他们的计划的话，那会怎样？拉里让学生使用主题标签来一起讨论他们对角色的所思所感，这样一来，不仅学生得以使用他们爱用的现代沟通工具，拉里也得以评估学生对这部有着 400 年历史的戏剧理解到了什么程度。

新一代的教师不仅让学生完成了阅读经典文学中教纲所指定的部分，学生们甚至发现自己对整个学习过程保持了高度的热情，这简直让人难以理解。

例如，拉里说他的学生朱莉娅堪称在新教学环境中茁壮成长的完美例子。朱莉娅不擅长传统测试和撰写论文，但她是一位非常有创意的年轻女性，她总能将自己对复杂教材的理解以非同寻常的方式表达出来。“刚开始，拉里老师告诉我们，这门课程将以技术为基础来开展教学，”朱莉娅说，“这听起来很吓人。因为我甚至都不会用计算机。”然后他们开始了对《罗密欧和朱丽叶》的学习，课程包括重新演绎剧本中的场景和制作电影预告片。“我感觉自己成了故事的一部分，”朱莉娅回忆道，“对我而言，整个故事都鲜活了起来。”

当被问及拉里的课程时，他的另一名学生说，在后面的课程中，他们使用挑战式学习方法学习了《双城记》。“经过挑战式学习的方法，我对这本书有了更深入的理解。我发现自己想到了一些之前没想到的问题，”那名学生说，“这种学习经历极大地激发了我学习的动机。我觉得自己的学习方式较之前更具创造性，我也更乐于分享自己的观点。与其他人共同合作的体验真是太好了，你能从别人身上获得很多想法，并且，如果有谁对某个点理解不透，团队成员之间可以互相帮助、相互指导。”那位学生还说道：“做项目时，你必须动脑筋考虑问题，与别人合作时，又能碰撞出很多创造性的想法，这些体验让课堂学习有意思多了。整个学习过程就好像我们一边学习一边教别人我们正在学的知识。这非常有趣。”“有趣”，这可不是高中生会经常拿来描述经典文学阅读体验的形容词。

所有这一切中最让人觉得不可思议的是，对于数字原住民而言，在教学中只要使用了技术，就可以提升几乎所有学习内容的相关性。拉里·瑞夫利用技术，使文学作品鲜活起来，从而让学生们手不释卷。同样，我们也可以利用技术改变其他无聊或难学科目的学习体验，包括历史、数学，甚至是编程。

技术的目的是助力教师

在开始探讨技术在重塑教育中究竟能发挥什么作用之前，我想花点时间澄清一些关键点。首先，在前一章中，我们探讨了每个学生都需要学习计算机科学和编程的问题，而且这个需求越来越强烈，但在章节的末尾部分也阐明了，我们目前没有足够的、训练有素的老师来完成这个教学任务。

然后，我们在本章又描述了教师的困境，倘若现在又要增加其他的教学任务（比如教编程）的话，似乎是在已然无法完成的期望之上，又提了一个增加教师负担的建议！鉴于这种情况，我想阐述一下我是如何设想的。在理想情况下，计算机科学的基础知识将整合到各门学科之中，贯穿整个小学的学习；中学需要开设一门计算机科学课程；到了高中，至少要开设几门计算机科学选修课（理想的情况是有一系列的计算机科学课程）。为了实现这一目标，就小学而言，一个学区至少要配备一名计算机科学专家，负责与该学区的各小学教师合作并培训他们如何将计算机科学与其他学科整合起来；对于初中、高中而言，每个学校至少都应配备一名计算机科学教师。技术本身的价格越来越便宜，还附带各种免费的开源软件，五花八门、应有尽有。

接下来我想说的，是针对许多教师（无论有没有亲口这样说过）都担心自己会被技术所代替这种现象做一个回应。美国就业岗位的头号威胁不是移民，而是创新。技术带来的不幸的副产品之一，从来都是那些要么不愿意、要么没有能力随着技术革新一起成长的工人。我的意思是，伟大的教学不会被技术所取代。技术能够有效地在课堂上做的唯一一件事，就是在优质教学的基础上锦上添花。即便是世界上最先进的技术，也不能做到伟大教师能够做到的事情之皮毛。这本书是关于教育技术的，但我们选择了从心理学的角度来开篇是有原因的：只有触及心灵，才能让技术发挥作用。**教育技术的目标不是去教学生，而是助力教师，让教学更有效果、更有效率。即使是世界上设计最完美的人工智能，也无法拥有伟大教师所拥有的一样东西，那就是心。**

还记得《绿野仙踪》中的铁皮人吗？他在整个故事中为了一颗人类的

心而寻寻觅觅。铁皮人经历了些什么？每当铁皮人的身体上某个部位被砍掉时，他就换上一个新的，这在技术中被称为升级。但因为没有心，这个铁皮人最终只能留在森林里，慢慢生锈，多萝西正是在森林里发现了他。多萝西心地善良，铁皮人和其他重要盟友们一起加入了她的冒险旅程，最后皆大欢喜。在这个故事中，铁皮人代表技术，多萝西则代表教师。两者都无法有效地代替彼此，但携手并进便能大放异彩。

教师和技术联合起来远比各自单打独斗的效果强上百倍。虽然技术毋庸置疑有改革教育、激发学生的巨大潜力，但只有优秀的教师才能真正释放这种潜力。

给学习者的启示

1. 未来教师的核心竞争力：为知识提供背景。
2. 教育技术的根本目标：助力教师，而非去教学生。

11

颠 覆

为教育带来无限可能

若在你出生时，某个事物尚不存在，那么于你而言，它是技术。

——艾伦·凯

两个重要的技术框架

圣玛丽中学是一所集小学、初中于一体的学校，1978 年时，我的孩子们在那里就读。当时，学校里一台计算机也没有，所以我和学校的一位领导——修女妮基商量，她同意让我给学校捐几台 Apple II 计算机。事实证明，学校里那些人根本不知道如何处理这些计算机，因为当时计算机还很少见。最后，学校的教职工清理了管理员的保洁室，将几台 Apple II 安置在那里，并向学生宣布，他们可以在休息时间随意使用。有一位阅读能力严重落后的学生在计算机上发现了一款旨在帮助孩子提高阅读技能的游戏，玩了几次后，阅读对于他来说没那么痛苦吃力了。“阅读变得像是一个吸引人的挑战，”那个学生后来这么解释道，“就像玩电子游戏一样。”到了暑假时，他的阅读能力已经达到了同级生的水平，而这一切都归功于那款游戏。

在学年结束时，圣玛丽中学的八年级毕业生们筹集了一些资金，为即将升入毕业班的学生们又多买了几台 Apple II，没想到这却带来了一个棘手的问题：计算机太多了，保洁室已经放不下了！为了解决这个问题，校方决定在标准课程安排中纳入对计算机的学习，当时有一位学生的妈妈在IBM任职，于是校方请她负责创建课程。开课不久后，修女妮基给了我一份第一次测验的卷子。这位在IBM任职的妈妈将计算机操作手册首页印在试卷上，从中抠掉了一些词作为试题，然后要求学生填写遗漏的词语。整个计算机教学一下子就变味了，某位学生通过玩一个有趣的游戏而提升阅读能力的这类故事就再也没有出现过。

不论是将Apple II束之高阁，搁在保洁室里落灰，还是像那位在IBM任职的妈妈那样将Apple II作为传统学习的辅助工具，都将孩子们从技术中探索发现的乐趣抹杀得一干二净，尽管那位妈妈并没有意识到这一点。Apple II原本可以带来诸多益处，可以供孩子们去探索发现，但这样一来就前功尽弃了，教学也因此遭受重创。这件事情对我来说是一个宝贵的教训，让我认识到，技术能成为学习强大的助推力是没错，但这种力量并非在每个人眼里都是显而易见的。我曾在《苹果为何未能在学校中推广》（*How Apple Lost Its Way to School*）一文中写道：“如果没有谨慎认真地推广落实的话，我们的教育机构会将乔布斯‘脑力自行车’的想法变成无比枯燥的‘健身踏步机’，最终毫无成效。”

计算机被放在保洁室落灰是一个很好的故事，因为它极其生动地告诉了我们，将技术带入学校、教室甚至课程安排里面，然后期待它自己发挥作用，是根本行不通的。最终以何种方式铺展落实技术，与事先选择正确的技术一样重要。据我观察，教师在课堂上使用技术主要有三种目的：一是提高效率，二是提升效力，三是完全改变学习体验。如今，在教学中使用技术，大多都是为了前两个目的，但我认为这是远远不够的。**仅将技术作为提高传统教学效率的“工具”是大大低估了技术的作用。**

我经常听到人们说:“技术只是一种工具!”虽然可以将技术(尤其是教育技术)视为一种工具,但这绝不意味着,我们只能将其视为工具,也不应该如此。想要真正重塑教育,我们就不能再为技术设限。我在本书的引言中就已经说到,数字原住民根本没有将技术视为一种工具,而是认为技术本来就是生活环境中自然存在的一部分。然而,许多教师和家长还没有理解和接受这一点。举例来说,目前课堂上使用技术的一些最常见的方式有:使用数据库等后端软件、制作电子成绩表单、建立无线连接、浏览互联网和打印练习册。这些例子都完美地说明了,技术能提升效率——没有技术,这些事情同样能完成得不错,无非就是慢一些而已。虽然提升效率益处也不少,但仅用技术来提升效率,较之技术真正能发挥的作用而言,可谓九牛一毛。

正如教育史学家兼政策分析师戴安·拉维奇(Diane Ravitch)所说:“计算机的优点在于它需要主动的使用者,而非被动的观察者。”技术拥有改革和激励的巨大潜力,我们应该以这些方式来使用技术。技术可以启发、激励、传授和改变,它能比其他任何事物都做得更好。现在是时候提高我们对教育技术的期望了,就让它向我们展现真正的能力吧!

要想成功地使技术融入课堂,在刚开始时,至少要稍微了解一些旨在提供帮助的框架。与教育技术有关的框架有几十种之多,我想挑两种比较普遍的来介绍,因为研究模型之所以普遍受欢迎,大都因为它们要么容易理解,要么容易实施,要么两者兼而有之。框架旨在提供一个大致的方向,无须每一步都遵循。相反,我鼓励你在深入了解这些框架之后,加以调整,以适应你的个性化需求。我建议大家将所有的学术模型都视为灵活的建议,而不是死板的指令。当然,即便如此,我仍然认为我们应该先了解这些模型，因为我坚信，在打破规则之前，我们总应先试行规则、了解规则。

在试图将技术融入课堂时，懂技术的教师经常会用到的第一个框架被称为“整合技术的学科教学知识”（简称 TCPK），最初由知名教育研究人员李·舒尔曼（Lee Schulman）在 20 世纪 80 年代中期创建。随着时间的推移，技术逐渐渗入学校，后来的研究人员在原始模型上做了一些改动（改了一些字母），现在有时被称为“TPACK”，其中 A 是连接词，没有实际意义。原始的四个字母分别代表了技术（Technology）、教学方法（Pedagogy）、内容（Content）和知识（Knowledge）。这个框架认为，只有当这四要素都到位时，教和学才能最有效。在这个框架中，“技术”指的是教授时所使用的物理资源；“内容”指的是教师知道应该使用上述技术来教授什么内容；“教学方法”指的是如何使用这些技术来达到我们期望达到的学习目标；而“知识”指的是教师需要具备的有效整合其他三要素的知识和技能。

研究人员觉得，在大多数情况下，教师使用技术来辅助教学时，都没有仔细考虑清楚应该如何正确地使用，于是他们提出了 TCPK 这个模型。“针对技术在教学中的使用，应该有一套考虑周全的方式，这就需要我们发展出一套复杂的、适用性较强的知识体系。”研究人员彭亚·米什拉（Punya Mishra）和马修·科勒（Matthew Koehler）当时宣布。换句话说，使用像 TCPK 这类的框架，为教师提供了一种方法，来确保使用到技术的各个环节都能整合在一起，并且服务于同一个核心目的。

第二个使用较为普遍的框架是 SAMR，旨在帮助确定如何在课堂中使用技术，四个字母分别代表替代（Substitution）、强化（Augmentation）、修改（Modification）和重新定义（Redefinition）。该框架由鲁本·普恩特杜拉博士（Ruben Puentedura）提出，当时他在缅因州“学习技术创新”

项目（Maine Learning Initiative）中担任顾问。缅因州学习技术创新项目是2002年进行的一项独特的实验项目，时任州长安格斯·金（Angus King）呼吁该州各所学校向每位教师和学生提供iBooks和笔记本电脑。TCPK从使用技术的各个环节这个角度出发，将重点放在如何在课堂中正确使用技术上，但SAMR却与之不同，它则从四个独立的层次来探讨技术在教学中的应用。

在“替代”层面上，技术作为一种工具，直接替代传统的工具、活动和教学。在“强化”层面上，技术仍旧是作为传统方式的替代品，但通常会以通过为教师和学生带来其他优势的方式而提高传统方式的效率。在“修改”层面上，技术会对课堂关键因素和教学方法进行修改，使其适应特定的技术，从而提供通过传统方法无法达成的学习体验。正是在“修改”层面上，教学过程开始变得更有效，而不仅仅是提高了效率。但最后一个层面——“重新定义”才是真正改革教学体验的层面，在这个层面上，学习得以重新定义。正是最后这个层面，为我们提供了最佳机会，让我们能够重塑教育，并让教育能够满足数字原住民的需求。

由于在所有技术中，我最了解苹果公司的技术，所以请允许我使用苹果公司的技术作为示例，来阐述SAMR各个层面之间的区别。假设你是一名学生，想要写本书。如果你用笔记本电脑在文字处理器中写书，而不是用笔在纸上写书，那么这就是在替代层面使用技术。如果你再使用iPhone上的照片应用，拍摄某些地方的全景照片，并将这些照片插入书中，那么这就是在强化层面上使用技术。如果你又决定使用iBooks Author与其他学生合作，共同创作一本交互式的书，那么这就是在修改层面上使用技术，因为在此情况下，正是由于技术，你才得以改变你所做事情的结果。最后，你决定使用增强现实技术，并大量采用沉浸式 3D 全息图，那么这就是在 SAMR 的重新定义层面上使用技术。因为，你正在通过利用改革性的新技术，来重新定义书籍的可能性。

成功将技术整合到课堂教学之中的方式有很多，上述框架只是其中两个。我希望你能深入了解各种框架，去尝试所有这些框架的精华部分，尝试了之后再根据需要进行调整。大多数懂技术的教师都会经历这个过程。

苹果杰出教育工作者

1994 年，史蒂夫·乔布斯创建了苹果杰出教育工作者计划，以表彰那些以创新和激发学生兴趣的方式将技术整合到学习过程中的教师。乔布斯对教育抱有极大热情，苹果公司现任首席执行官蒂姆·库克也是如此，他们都坚信教学最有力的方式是展示而不是灌输。这正是杰出教育工作者计划创建并维持至今的原因。我们以这种方式向全世界的教师展示技术所带来的无限可能性。我们也希望以此来启发和鼓励教师们以创新的方式思考教学。

教师表彰计划有很多，苹果公司的杰出教育工作者计划却与它们有所不同，苹果公司将其设计成为一种虚拟的“茶水间”（戴维·索恩伯格应该会称其为“茶水间”吧）。我们希望全世界的优秀教师能够在此互相交流，进行头脑风暴、彼此分享想法、一起协作以创造出更好的教学方式。最初我们只举办了一个小型研讨会，如今已经发展成了杰出教育工作者社群。该社群是一个十分活跃的线上小组（也经常会举办线下活动），世界各地的教师通过这个平台相互分享、相互比较他们的最佳教学方法，新的方法层出不穷。

苹果杰出教育工作者也满怀热诚，倾力与其他教育界同仁（包括其他教师、行政人员和决策者）分享自己的成果。在苹果公司内部，我们负责确保公司创造的产品和服务符合教师的需求和期望，而苹果杰出教育工作者正是我们备受尊敬的顾问。

如今，全球有 2 000 多名苹果杰出教育工作者，他们的事迹令人惊叹，每个人的故事综合起来都可以写成一本书。通过这个计划我们取得了许多成果，给这些优秀教师们提供了一个平台，让他们得以分享自己如何成功地以更好的方式在教学中使用技术。这令我十分骄傲。苹果公司官网上有许多杰出教育工作者的个人资料，你可以了解他们的故事，甚至联系他们，请他们给你一些建议。重塑教育到底意味着什么？在我眼中，苹果杰出教育工作者计划以及该项目中的各位优秀教师们就是这个答案的缩影。

将技术产品带回家

当老师或学校考虑在课堂上引入新技术（尤其是 iPad 或 MacBook）时，他们经常会问我一个问题，即能让孩子们将这些技术产品带回家吗？教师们都怀有同样的担心：孩子们会不会将这些技术产品弄丢或者损坏？如果他们上学的时候忘带了怎么办？如果他们在家用这些设备以不恰当的方式上网呢？

这些担心都是合理的，而我的回答总是“视情况而定”。因为所有学校和班级的情况都各不相同，其中的孩子们和文化背景也千差万别。当然，针对某些担心，是有技术手段可以去解决这些问题的，例如安装互联网屏蔽软件和网站过滤软件、给产品套上保护套，还有类似于“查找我的iPhone”的内置安全应用。但其核心在于，我们到底信不信任学生。就我所知道的，那些决定让他们的学生每天都带着技术设备回家的老师和校长们，没有一人对这个决定后悔过。

艾萨学院（Essa Academy）是英国博尔顿的一所学校，离曼彻斯特不远。几年前，该学院向所在社区里的一名化学老师阿卜杜尔·科汉（Abdul Cohan）抛出橄榄枝，邀其担任艾萨学院的主任。阿卜杜尔冒着很大的风险答应了。他知道接受这个职位意味着将会面临巨大的挑战：学生多数来自非常贫穷的家庭，80% 以上的学生以英语为第二语言，而他们的母语则有26 种之多，甚是惊人。阿卜杜尔刚到学校的时候，学校每间教室的视听设备移动支架上都安装了一台过时的笔记本电脑，这些电脑唯一的作用，就是在炎热的天气里用于抵住教室的门，不让门关上。有一天，阿卜杜尔听到一些家长闲谈，聊起孩子们将大把时间花在了手机上，煲电话粥、玩游戏，还有为功课找资料。这让阿卜杜尔灵光一闪：如果孩子们在家里已经对技术如此娴熟，或许能有方法将技术引入课堂，从而帮助他们更好地学习。

阿卜杜尔没有试着更新学校里那批旧笔记本电脑，而是筹集资金，为每个学生购买了 iPod，后来又买了 iPad。阿卜杜尔让学生们每天放学后将平板电脑带回家。当时，当地一家报社得知这件事后，不但嘲笑这种为孩子提供电子设备的做法，还警告说，孩子们肯定会将这些电子设备拆了卖钱。但事实正好相反，学生们都十分爱惜他们的平板电脑，甚至胜过爱惜自己的东西。

针对平板电脑和基于技术的学习，教师们在接受适当的培训之后，阿卜杜尔的学生每人就分到了一台平板电脑。阿卜杜尔说："学校里的境况一下子开始好转起来。"当然，这种转变并非一夜之间发生的。"教师们反应不一，"他说，"有些人迫不及待地就用上了，有些人却持怀疑观望的态度。我们也花了不少时间，才帮助足够多的教师理解技术所能带来的益处。"

整个状况逐渐发生了变化，直到最后，一家报纸将其描述为"学生的学习方式发生了显著的变化"。如今，许多教育工作者来到艾萨学院访问，他们并没有对学生们使用技术的方式感到惊讶，而是对学生们如此全身心地投入学习留下了深刻的印象。这种变化不仅发生在学生身上，在教师身上同样也得到了体现。全球已经有 13 个国家的教师下载使用艾萨学院的教师设计的课程和教科书，阿卜杜尔说他们已经是"誉享全球"了，这使得学院的教师和学生都感到非常自豪。

"在教育领域，"阿卜杜尔说，"我们非常善于使用错误的教学方式。"很显然，此番描述不再适于艾萨学院。而在阿卜杜尔刚到学校时，学生的学业表现极为糟糕，不及格率高达 70% 以上，导致学校即将面临全面停课。如今，在每年的全美期末考试中，该校的每个学生都通过了五项"合格标准"（该标准是英国为了测试学生是否完成学习目标而设定的），艾萨学院自那时起就被称为"世界教育技术领先者"。更重要的是，艾萨学院的成功就是一个活生生的例子，证明了只要家长、教师和学校管理人员下定决心，摒弃"一直以来都是这么执行的方式"，换为"他们做到了，我们一定也能做到"这种态度，那一切皆有可能。

阿卜杜尔的故事中还有一个关键点，那就是他做出决定后，媒体给他泼了一盆冷水，嘲笑他的做法。在此，我想要说明的是，如果你想要创新、想要以不同的方式做事情，反对的声音是避免不了的，你应该有心理准备，对这些负面声音置之不理，勇往直前。很多人并不喜欢创新。毕竟，创新是传统的对立面，而重视传统的人比比皆是。因此，在我们开始研究如何在你所带的班级里引进革命性的技术之前，花点时间来讨论一下你可能会听到的一些批评意见也很重要。

科技成果的惊鸿一瞥

2016 年年底，一项关于学生潜力的特别研究在中国展开。与其他同样旨在测学生潜力的实验不同，这个实验涉及使用虚拟现实头戴式显示设备，实验组学生的整个学习都是在 3D 课程中进行的。实验分为虚拟现实组和对照组，样本覆盖了具有不同成绩表现的学生（学困生、中等生以及优等生），并由同一位老师对两组学生进行教学指导。研究人员希望证明，在现实环境中学习会释放学生更多的学习潜力并提升学生的成绩表现，但实际的实验结果完全出乎他们的意料。在一篇实验报告中，研究人员指出，在考试成绩、学习理解能力和知识持续记忆三个方面，虚拟现实组中学困生的平均成绩居然高于对照组优等生的平均成绩。虚拟现实组学生的平均成绩为 93 分，而对照组仅为 73 分。该实验中一名研究人员表示：“虚拟现实能让孩子们通过使用多模态模型来学习新的概念，从而释放他们的潜力，而大脑也得以用它最擅长的方式去掌握新的概念。”

一周之后，实验人员再次对两组学生进行了测验，测试他们在保持持续记忆上的差异。测试结果显示，两组学生的平均分差别增大了，虚拟现实组平均分为 90 分，对照组降至 68 分。 该研究人员还说：“我们只改变了一个因素，孩子们的潜力就发生了巨大的变化。”这些研究结果本身就很有意思，和一年前的另一些报道对比起来就更有意思了。大约就在一年前，全球各地的新闻媒体都还在争相发表相反的报道。“计算机无法提升教育成效！”英国广播公司的一则新闻标题如是说。《美国新闻与世界报道》的一篇文章宣称：“在校经常使用计算机的学生通常测试成绩较差！”那么，这到底是怎么回事？为什么一些研究得出的结论是技术能够释放学生的潜力、提高学习成绩，而另一些研究得出的结论是技术会限制潜力、降低学习成绩？技术到底是有益还是有害？为了解答这些问题，我们先来看几个关键之处。

首先，经济合作与发展组织于 2009 年到 2012 年期间开展了一项研究实验，上述大多这些头条新闻都是源于这次实验最新发布的数据报告，这项研究的结果其实并不可靠。经济合作与发展组织负责统筹一项较为普及的标准化测试，即国际学生评估项目，主要对 15 岁学生的阅读、数学和科学等知识技能进行评估，该项目会在几十个国家抽取学生进行测验。而前面提到的这个“研究”实则是一项问卷调查，接受调查的学生自己填写了他们在学校使用技术设备的时间。经济合作与发展组织随后将调查结果与每个学生在国际学生评估项目测试中的得分进行了对照。对照结果显示，学生在学校使用计算机的时间与他们在国际学生评估项目测试中的得分之间存在关联。显然，他们在校使用计算机越久，测试得分越低。一些媒体立马抓住这点不放，据此断定技术与学校之间格格不入，并给出种种论据，从“在学校引入技术是浪费纳税人的钱”到“计算机在教育领域拥有的唯一可能性是‘伤害’孩子”等。然而，只要深入探讨这个研究，我们就会得出不同的结论，而这个结论则指出了在教育中引入技术时经常遇到的问题。

其次，技术更新日新月异。仅从 2009 年到 2015 年，可以使用的技术就发生了翻天覆地的变化。以 2015 年的标准来看，2009 年能称得上具有革命性的技术并不多，若以如今的标准来看，那更是少之又少了。在经济合作与发展组织开展研究的那几年中，我们主要用计算机来浏览网页、查看图片以及收发电子邮件。然而，往日孩子们只能用计算机浏览一些静态网页，作用很有限，而如今，有了动态互动技术（例如在 2016 年北京实验中使用的虚拟现实技术），孩子们就可以大展拳脚，因此，往日与今时的技术所能激发的潜力，高下立判。

再次，经济合作与发展组织的研究存在的问题是，研究人员将重点放在了孩子们是否使用技术设备上，而没有关心他们到底将技术用作何种用途——这正是我在本章开始时提到的一个关键点。我想重申一次，“如何使用”与“使用什么”同等重要，对于所有技术而言都是如此。举例来说，试想一下开处方药。如果一种药物在按说明服用时既安全又有效，这并不意味着你可以不按说明服用，还期望它们能像宣传的那样药到病除。如果能“按说明使用”，即作为一种诱发学生兴趣、激发学生动力的手段，技术就能对学习和创造力带来巨大的益处。

最后，经济合作与发展组织的研究使用的评估方法极其有限——标准化测试的测试成绩，这根本无法测出学生们在其他方面的进步。大多数关于学生学习的研究都仅以学生测试成绩作为基准：如果用了某项技术之后，学生的测试成绩提高了，那这项技术必定是有用的；反之，如果分数下降了或者没有变化，那么这项技术基本上是没用的。相比之下，中国的实验更进了一步，该项研究不仅测试了学生对概念的理解。通过在一周之后重新对同一批孩子进行测试，不仅得知了孩子们对这些概念的持续记忆状况，还搞清楚了孩子们在学习这些概念时的批判性思维过程，实验结果是惊人的。由此可以看出，国际学生评估项目这类国际测试并不是衡量学生进步与否的好方法。

当你准备将技术整合到你所带的班级或家中时，无论你最终决定使用哪种模型作为起点都没关系，TCPK、SAMR 或者你自创的框架都行，只要确保充分地利用了技术的潜力即可。只要将教育技术用于启迪灵感、激发动力、引起兴趣、改革体系，技术就能为教育领域带来无限可能，中国实验的结果已经给我们带来了这无限可能中的惊鸿一瞥。

给学习者的启示

1. TPACK 框架：技术（Technology）、教学方法（Pedagogy）、A（无意义连词）、内容（Content）、知识（Knowledge）。

2. SAMR 框架：替代（Substitution）、强化（Augmentation）、修改（Modification）、重新定义（Redefinition）。

12

缔　造

九大技术开启学习的未来

所有书、学习材料以及评估都应变成数字化和交互式的，为每位学生量身定制，并且提供实时反馈。

——史蒂夫·乔布斯

随着技术不断发展，教育应跟上其前进的步伐，对于技术的使用范畴，我们也应不断提高期望。能够使用技术的范畴，远比如今正在使用的要宽泛得多。为了改变这种状况，我们不应再认为技术与人类处于对立面，而应竭尽全力，使之为我们所用。我们不仅要利用技术让老师和家长的生活变得更加简单，还应该利用技术完全改变学习体验。重塑教育，不仅要注重使用什么样的技术，同样还要注重如何使用某种技术。例如，iPad 本身及其应用可能看起来并不具有变革性，但以某种方式使用它，就可以对创造力和学习起到大力激发、吸引和推动的作用。那么，哪些变革性的技术在重塑教育中最具潜力呢？

人工智能

由于人工智能能使用户使用其他技术的体验更加个性化，因而最为重要。个性化是有效学习的关键，因此，在研究变革性教育技术之前，让我们先简单探究一下人工智能。

人工智能是一种计算机软件，它能够完成通常只能通过人类智能完成的任务，比如解决问题、制定决策以及复杂的口译和笔译。简而言之，人工智能是能像人一样思考的计算机。由于机器学习取得了惊人的进步，人工智能现在有能力分析所谓的大数据，以它在数据中发现的模式去学习，然后根据这些新信息调整它对事物的思考方式——整个过程都无须人类干预。

如果说，只有一种技术具有无限潜力，那非人工智能莫属。随着计算机开始自我学习、自我思考和自我调整，它们真的拥有无限可能。技术行业内许多知名人士对人工智能态度不一，Facebook 首席执行官马克·扎克伯格，对人工智能所拥有的可能性抱有极大热情，而诸如特斯拉和太空技术探索公司的首席执行官埃隆·马斯克等人则对人工智能的未来怀有畏惧之心，马斯克甚至提出警告说，人工智能如此强大，有可能成为人类最大的威胁。2001 年上映的科幻电影《人工智能》（*Artificial Intelligence*）和 2004 年由威尔·史密斯主演的电影《我，机器人》（*I, Robot*），都深刻描绘了人工智能有朝一日可能造成的可怕情景，但无论如何，今时今日，人工智能正在以前所未有的方式推动教育技术变革。与其探究人工智能是如何工作的，不如观察它是如何使其他变革性的技术发挥效力的，我认为这样才能更好地认识人工智能。

自适应学习

自适应学习是指某些软件能根据用户之前的答案和操作，使用人工智能自动并实时更改所教授内容的难度级别。这样有个好处是，自适应学习可以防止学生在掌握简单的课程之前去学习更难的课程。这对于数学和科学等学科尤其有用，在学习这些学科时，每一节新的课程都根据学习者对之前课程的掌握程度和熟悉程度而定。例如，如果学生尚未掌握指数和分数单独的运算法则，那在学习包含指数和分数两者的运算次序时，他几乎不可能得出正确答案。

在传统课程中，在练习册上或者在计算机上出题，学生都只会把所有答案都算错。但是，就像那个学生的老师或父母一样，这份错误答案并不能帮我们弄清楚孩子为什么全算错了，更具体地说是他到底哪里没弄懂。是因为不了解运算法则的含义吗？还是不懂分数、指数或者别的什么？

当然，优秀的老师仍然可以通过让学生给出运算步骤，然后一步步检查，直到找出算错的那个知识点，然后呢？通常在这个时候，整个班级都已经进入下一课的学习，那个学生已经落后了。我在上述情况中使用的是单数“他”，似乎只是在指代某一个学生，但实际上，这位老师的班上可能有 20 多个学生，每个学生可能都在不同的知识点上没理解透，这就给老师出了一个错综复杂的大难题，他们还得迅速解决这个难题。

不仅如此，即使老师确实设法完成了这个奇迹般的壮举，找到了这 20 多个学生各自没有理解透彻的知识点，那我就不妨再问一次，然后呢？这就是课堂差异化的难点所在，也是自适应学习软件的过人之处，因为在这种情况下，如果使用了自适应学习软件，它可能就能完成很多“烦人的工作”，例如在几秒钟之内，就为这 20 多名学生确定他们各自没有理解透彻的知识点，从而节省教师宝贵的时间和精力，使之可以更好地投入在教学上。

自适应学习软件使学生能按自己的步调去学习，这点非常好，因为这减轻了他们在限定时间内掌握某项知识时所面临的压力。回想一下第 5 章就会知道，在学习上，这是我们面临的关键问题之一——学生有能力学习任何东西，但他们不一定会以相同的方式学习，更不可能都在统一限定的时间内掌握某些知识。

事实证明，自适应学习还可以根除作弊行为，因为在不同的时间节点上，学生的课程进度不一样。不仅如此，自适应学习还能通过内置的游戏化设定（例如得分、级别和徽章）来提高学生们的自信心。虽然如今我们还未能为所有学生真正提供个性化学习，但我相信，未来总有一天我们能做到，而自适应学习技术将在这个过程中发挥关键作用。

智能助理

人工智能还使另一项变革性技术成为可能，即智能个人助理，例如苹果的 Siri、亚马逊的 Alexa 和微软的 Cortana。智能助理是靠语音激活的机器和计算机，使用自然语言处理用户界面，能识别人类对它们说的话。当然，很多其他设备也能识别人类声音，例如转录软件等，但使人工智能与众不同的是，程序识别声音之后的后续操作。运行智能助理的人工智能不仅能够识别你所说的内容，而且还能够判断你需要什么信息，并在几秒钟内就为你提供。你还记得“以前”我们对某个事物心存疑问时会做些什么吗？我们必须找台计算机或者智能手机，打开浏览器，输入问题，浏览搜索结果，然后点击阅读某项搜索结果，并期望这项结果就是我们要找的答案。当然，这种方式仍然是人们搜索答案时最常用的方法，但随着智能个人助理变得日益“聪明”、日益普及，这种常用方法正在逐渐被替代。

在使用这类技术时，你只用口头问你的“助手”一个问题，几乎立即就能得到答案。比如说，想象一下这个场景，一名学生在观察夜空时对太空产生了兴趣。他望着满天繁星有着成千上万个问题，但他不用为了寻找答案而停下观看、掏出手机来搜索。假设他戴着内置 Siri 的智能手表，他就可以继续仰望星空，说：“嘿，Siri。”这句话唤醒了他的手表，于是，他的手表就知道他正在与它交谈，而不是与其他人交谈，然后，它就会为后续的问题或指示做好准备。

“月亮离地球有多远？”那个孩子问。在几秒钟内，Siri 就回应道：“地球到月球的距离大约为 38.4 万千米。”运行 Siri 的人工智能听取了他的问题，将这个问题从语音转换为计算机语言，判断出他真正想要知道的信息，在互联网上搜索到答案，找到一种最有效的方式表述这个答案，然后将答案转换为语音并作出回答——所有这一切都在几秒钟内完成！那个孩子可以继续随心所欲地询问 Siri 后续相关的问题，并指示它对答案进行某些操作，比如记录、保存、发送电子邮件等，或者完全切换到另外的问题上去。拥有智能个人助理就像拥有一个无所不知的专家，它还会随时随地跟着你，静候你的问题。

如此一来，我们就能够随时随地获取即时信息，从而使得死记硬背某些知识变得毫无用处。如果学生将有限的短期记忆空间浪费在记住这些智能助手在几秒钟之内就能回答的知识上，而未能将短期记忆空间用于做批判性思考，这岂不是很不合理吗？智能助手并非信息检索的未来，它们已经在此静候你的下一个问题。

物联网

物联网指直接嵌入衣服、电器、汽车、家具等一切日常非技术设备中的集成电路、电子设备、传感器、软件等。物联网通常通过 Wi-Fi 直接连接到互联网，或通过蓝牙连接到其他设备。你可以认为，智能个人助理通过设备提供内容信息，而物联网则提供了背景信息，与所连物体的物主能够直接进行智能沟通。

那么，物联网教育体验会是怎样的呢？举个例子，如果将射频识别技术嵌入到学生的身份证件或可穿戴设备中，教师就可以轻松得知学生的出席情况，而不用浪费时间挨个点名，父母也就知道他们的孩子是否去上学了。

在读历史书时，学生可以用数字荧光笔将划重点的部分通过无线传输传到手机的应用程序中，这样一来，知识要点就存在了云端，他就可以随时随地编辑、搜索和查阅。学生还可以戴上内置脑电图传感器的物联网头戴设备，这种设备可以在他们上特定课程时监控每个人认知能力的变化，这样一来，就给教师提供了实时反馈，教师因此得以知道哪些活动能提高学生的参与度、哪些活动不能，同时也很容易识别出每个学生的首选学习风格。

最重要的是，物联网设备为教师提供的实时信息，可以让他们更轻松地针对单个学生提供个性化的学习内容，从而提高学生的学习兴趣。不仅如此，物联网还可以让教师以最佳方式来提供这些内容。然后，教师们还能立刻判断出哪些学生更需要帮助，于是主动去指导他们，这样就不需要学生自己开口寻求帮助，而对于很多人来说，开口求助是件很尴尬的事。

据报道，2016 年已有 170 多亿台设备连接到物联网，预计到 2020 年还将新增 300 多亿台设备。

考虑到几年前物联网甚至都不存在，我认为这些数字的增长是一个很好的迹象，表明物联网并非昙花一现，而是终将在全世界的学校里成为主流技术，这一天的到来只是时间问题。

移动技术

随着个人计算机和互联网的出现，对于改变日常生活而言，可以说没有多少现代技术能比得上移动技术。从早期的掌上电脑到后来的手机、智能手机、平板电脑到现在的可穿戴设备，移动技术以及它内部应用程序的飞速发展都可谓是奇迹。智能手机、平板电脑和可穿戴设备正在迅速取代台式机和笔记本电脑，成为我们常用的技术设备。它们的尺寸如此之小、携带如此之方便，使我们无论去哪都能随身携带计算机，时刻保持在线状态，随时随地都能用上互联网。

移动技术大放异彩的真正原因（尤其是在教育领域），是由于它们与传统电视和收音机不同，不是单维设备。它们是平台，是旨在承载各种用户原创内容和服务的系统。智能手机、平板电脑和可穿戴设备等使用的是苹果的 iOS 系统或者谷歌的安卓系统，就像 Mac 使用的是 macOS 操作系统、个人计算机使用的是微软的 Windows 操作系统一样。但是，移动设备并不需要从旧软盘、SD 驱动和只读光盘上安装传统软件，移动设备平台使用的软件都是大型数字生态系统中的应用程序，而且这些应用程序大多来自第三方。我记得，在 iPhone 发布后不久，我就看到一个电视广告在提出某个需要解决的问题时说道：“有个应用程序能帮您解决！”如今，苹果和谷歌两大应用商店各有 200 万多个应用，并且每天都会增加数百个。所以说，如果你遇到什么问题，很有可能能找到应用程序帮你解决！我认为，在不远的将来，数字平台和数字生态系统仍将是移动技术的主要形式，但 20 年后又会怎样，现在还很难下定论。

那么，在掏出手机、点开这些应用程序时，我们究竟在获取什么？我们获取的是越来越多的免费内容。如今大多数内容都是免费的，而且我相信，最终几乎所有内容都将免费提供给有需求的人。这种变化已经对传统学习造成了影响，并在逐渐影响正式教育体系。学生无论身在何处，都可以通过可汗学院和 iTunes U 等服务来免费获取优质内容，全美各地的学校也纷纷为学生们注册账户。现在，随着数字原住民逐渐长大，应用程序的设计和创建也变得非常容易（这一点要归功于 Swift Playgrounds 和 Xcode 这类编程工具），我认为用户原创内容还将继续飞速增长。

使用移动技术进行访问（尤其是通过平板电脑）的可行性日益增加，其价格也日益便宜，这些都促进了 Web 2.0 网站和网络信息服务的发展。比如说，维基百科和 Reddit 正由于众包（多人共同在线编辑文档或解决问题）和共创（多人共同设计和创建特定项目）而迅速壮大。如今，通过苹果的 iWork 和谷歌的 Docs 这类免费软件进行的协作编辑，以及通过 Facebook 和 Twitter 等社交媒体进行的共享，正在人群中迅速普及。

这种协同合作的现象不仅仅局限于线上，一种全新的经济形式——共享经济已然出现，而诸如汽车共享公司优步、房屋共享公司爱彼迎等，此类创新型公司正是这种经济的领导者。共享经济已经席卷全球，而它正是通过移动技术得以实现的。虽然有的时候，整个世界似乎越来越分裂，但移动技术以及由此产生的共享经济，正在让我们重新凝聚起来。

3D 打印

在所有令人激动的教育技术之中，拥有彻底改变学习的潜力的，非 3D 打印机莫属。3D 打印机通常比传统打印机的体积大不了多少，但它可让学生将任何数字化文件打印成三维物体。对我而言，3D 打印是一项真正的革命性技术，它能让学生打印出一切事物的真实物体模型。3D 打印机可以使用各种各样的材料，可以制作任何东西，小至微型模型雕像，大到可供居住的房子。在医学领域，3D 打印机甚至可以打印人类器官，科学家们相信，这种打印成的器官终将使器官捐献成为过去式。

我认为 3D 打印是最棒的新兴技术，因为它明显与实践学习密切相关。不久前，我看到一所科学学校的创客空间就是以 3D 打印实验室的形式存在的，而且他们充分利用了这个创客空间。一些高年级学生会带着低年级学生去该实验室学习体积。在实验室中，学生们都将自己名字的首字母打印成容器，然后进行比较，看谁的名字首字母容量更大。整个过程使得课程更加个性化，孩子们非常喜欢。

学生们没有读教科书中关于体积的章节，也没有死记硬背某个公式，而是以生动有趣的方式创造了实体容器。让我最感兴趣的一点是，这节课上是高年级学生在帮助低年级学生学习，而整个过程都没有老师在场监督。

如今类似的3D打印实验室正如雨后春笋一般，在各所博物馆和学校中出现，学生们不费吹灰之力就能将各种想法从脑中的概念变为实体模型，他们自己也由此从被动的知识接收者变为主动的创造者。让学生体验富于创造性的实践学习，科学、历史和艺术等学科都因此受益，而教师们对3D打印出来的直观教具也赞誉有加，因为它们能牢牢抓住学生们的注意力。通过阅读去认识某样东西是一回事，而真真切切地将其握在手里又是另外一回事。

交互式书籍

传统教材与交互式数字教材之间有很大差异：前者是静态的，后者则是动态的。请注意，我所说的“交互式数字教材”并非普通的电子书。仅仅因为电子书以电子文件的形式存在，并不意味着它比普通纸质书高级多少。虽然比起纸质书来说，电子书的效率要高得多（因为读者可以用一台设备轻松携带数百本电子书），但电子书本质上与纸质教科书并无二致，两者都是静态的。而交互式书籍就大不一样了，它们不仅能提高阅读效率，还能通过将链接、视频、音频、众包标注、点对点共享等整合在一起的方式来改革阅读体验。这种技术所能提供的学习体验令人印象深刻，是任何教科书都望尘莫及的。

交互式书籍和教材将在21世纪让世人看到其巨大的潜力，而如今，它们才刚刚开始起步。书籍领域还有一个重大变化，即有声书和电子书的出现，但它们虽然形式新颖，可既称不上是变革性的，也未能得到各所学校的广泛采用。我认为，这无非是因为两者都未能改善阅读体验，它们只是将纸质书换了个载体而已。但如今，我们看到的是真正的交互式书籍。页面上显示着用3D动画技术制成的图像和视频，书中针对人们正在讨论学习的概念，为读者提供了多维范例和私人辅导。读者还可以访问众包标注，轻轻一点就能阅读其他用户利用实时协作软件对困难概念所做出的解释，实在是将阅读体验提升到了我们梦寐以求的水平。

苹果公司的电子书应用程序 iBooks 就是一个拥有各种数字书籍的平台。该平台上，许多具有创意、交互性较强的书籍都是由 iBooks Author 来制作的。在我看来，在制作新一代书籍时，iBooks Author 将会成为强大的工具之一。在苹果公司的教育产品中，iBooks Author 已然极受欢迎，因为现在孩子们不仅可以学习如何阅读一本书，还可以学习如何创建属于他们自己的、互动性超强的书。

本章中提到的技术都有可能以不同的方式改变教育格局。实际上，这些技术都已经开始在较小的层面上发挥作用，如此一来，我们现在面临的问题就是，如何才能让更多的人有机会使用这些技术，即如何推广此类技术，从而让所有的学生和教师都有机会从中受益，而不只是少数幸运儿。事实上，推广有效的技术是重塑教育中最难的部分。

一项技术不知从哪里突然冒出来后，全世界的人立马都知道它很管用，然后半个世界的人又立马都用上了，这样的情况几乎不存在，不论这项技术多么具有变革性都不可能。所有技术的推广都会经过一个缓慢稳定的增长过程。一直以来，大多数技术都是以这种方式推广开来的，包括个人计算机和如今我们正在使用的其他所有变革性技术。

还记得我前面提到的 Siri 这类智能个人助手吗？其实早在 1987 年，苹果公司就发布了一个概念视频，我们称之为“知识导航员”，它基本上是一个智能个人助手的极早期原型。这段广受欢迎的 5 分钟视频由《比尔教科学》（*Bill Nye the Science Guy*）节目中可爱的比尔·奈（Bill Nye）来主演，虽然其中将智能个人助理描绘得非常戏剧化，但如今看来和现在的智能助理非常相似，真是不可思议，而且，这一切从科幻到科技只用了 30 年！

如今，令人振奋的是，有效的技术能够被人们广泛采用的速度正在变快。原因在于，现在人们很容易知道哪些技术有效、哪些技术无效，社交媒体和社交网络让人们彼此之间的交流分享变得非常容易。有效的技术往往更容易通过捐赠或投资等方式筹集足够的资金，从而使得这类技术能够加速推广。有效技术大规模推广开来所需的时间越来越短。下面列出了一些产品和服务达到 10 亿用户所需的时间，从中可以看出它们推广开来的速度加快了很多。

1985 年：微软 Windows——25 年；

1990 年：微软 Office——21 年；

1998 年：谷歌搜索——12 年；

2004 年：Facebook——8 年；

2008 年：WhatsApp——6 年。

如你所见，推广关键技术所需的时间大幅减少了。互联网的传输速度以及社交媒体的出现，使得信息能以闪电般的速度在人与人之间传递。人们遇到问题时，找解决方案或工具所花的时间越来越短，而且，当完美解决了问题之后，这些解决方案或工具往往会得到更迅速的传播。这并不意味着每种技术都能得到推广，但对于变革性的教育技术而言，我们有理由相信，它们能以更快的速度触及更多的孩子。这当然也是件好事，因为就改革教育而言，潜力最大的技术——增强现实已经出现了。如果我们能够迅速让数百万可从中受益的学生用上这项技术的话，它将改写教育的未来。

2016 年夏季，我只要出门，就会经常看到一群人一边扎堆到处走，一边还低头看着手机。他们时常会驻足、后退，还会激动无比地指着一团空气。然后，他们会相互击掌庆祝、谈笑风生，即使他们相互都不认识。上述是我对增强现实手游《精灵宝可梦 Go》（*Pokémon Go*）的通俗介绍。对于我来说，玩这款游戏的孩子都不再宅在家里，而乐意参与户外活动，去寻找和捕捉被称为“宝可梦”的小型数字怪物，这真是令人惊讶。

我一直在科技行业工作，对增强现实技术也可谓是耳熟能详，但我并不知道它居然有如此大的魔力，能激发人们在现实世界中实实在在地做点什么。我亲眼看到，一些青少年“自愿”去了图书馆和博物馆！当然，我住在硅谷，这里的孩子们做什么事情都不足为怪。但别的地方有多少人在玩这个游戏呢？在苹果应用商店，《精灵宝可梦 Go》成为史上下载量最多的游戏，而且是在推出的一周之内就达成了如此成就！两周之内，这款游戏就已经拥有超过 2 000 万活跃用户，成为美国历史上用户量最大的手游。《精灵宝可梦 Go》玩家数量如此史无前例的激增，让我看到了增强现实技术的真正潜力，但我并不是指增强现实技术在游戏中应用的潜力，而是指它作为一种激励工具所具有的潜力。我知道这将给教育带来巨大的影响，增强现实技术很快就会在勾画未来的蓝图中发挥重要作用。

增强现实技术

增强现实技术是将计算机生成的内容叠加到了真实世界中。例如，在《精灵宝可梦 Go》中，当玩家在现实世界走动时，根据手机发出的全球定位系统信号，小精灵“宝可梦”就会出现在手机屏幕上，背景则是手机摄像头拍到的实时位置环境，玩家可以通过点击屏幕上的小精灵来捕捉它。当你点击打开摄像头时，就会用到增强现实技术，由此你便可以看到“宝可梦”叠加在真实世界中。你手机的摄像头对着哪里（你的朋友、教堂的台阶、图书馆的书架），“宝可梦”就会出现在哪里。

虚拟现实、增强现实和现在的混合现实都是沉浸式技术的一部分，沉浸式技术更为广泛，也被称为“沉浸式系统”。由于大多数人更加熟悉虚拟现实的概念，而对于增强现实则没那么熟悉，那我便稍微解释一下。区分这两者最简单的方法是：虚拟现实技术是使用头戴式显示设备让我们置身于数字世界之内；而增强现实技术则是将数字世界叠加到真实世界中；混合现实技术则是两者的结合。

关于虚拟现实技术，我们在前文中讲到了中国实验，单从该实验的结果来看，虚拟现实技术已经在教学领域初获成效。虚拟现实技术打造的 360 度计算机生成环境，是完全沉浸式的 3D 世界，希望有朝一日，技术能成熟到让教师和学生在虚拟世界中，随心所欲地开展实地考察旅行，可以在过去、现在以及未来的任何时空内任意穿梭。不同于增强现实技术，老师不会将虚拟霸王龙叠加到现实世界，而是让孩子们通过各种眼镜、头戴式显示设备抵达霸王龙的世界，身临其境地研究霸王龙和其所处的自然环境。虚拟现实技术未来的潜力很大。让每个学生都拥有自己的时光机的想法我很喜欢，只需戴上头戴式显示设备，就能穿越到8 000万年前的白垩纪时期，漫步于无比真实的3D环境中近距离接触真实尺寸的恐龙。在这个领域中，几大虚拟现实设备的佼佼者分别有Facebook的Oculus Rift、微软的HoloLens、谷歌的Google Cardboard和Daydream。多年来，苹果公司也一直致力于虚拟现实技术的研究和开发，但我们对增强现实技术更感兴趣。

虽然虚拟现实技术的未来一片光明，但我个人仍坚定地加入了增强现实技术的阵营，原因主要有两个。第一，我可不希望孩子们全都沉浸在虚拟的3D世界中。虽然短时间内体验虚拟现实真的很不错，但我们都知道，这类事物非常容易让人上瘾，到头来，我们可能都没法让孩子们摘掉设备回归现实了！当然，这话带点玩笑的意思。第二，对于学生而言，哪样技术能更早用得上。未来能用得上不算，要现在就能用得上。重塑教育不是要预测学生和技术在某个假想的未来会有多大潜力，而是需要现在就释放这些潜力。

就学校合理地在教学中使用技术（如增强现实技术等）的能力而言，我访问过的所有学校中，墨西哥莫雷利亚的凡蒙德学校（Varmond School）令人印象深刻。诺埃尔·特雷纳（Noel Trainor）和诺埃米·特雷纳（Noemi Trainor）夫妇是该校的创始人兼校长，该校接收从学前班到八年级范围内的学生，从最基础的内容开始，一步步将技术融入了课程的方方面面。在一个既具有适应性又采用挑战式学习的框架中，凡蒙德学校在绝大多数课程中，都使用了增强现实以及其他尖端技术。该校拥有3D创客实验室、各种交互式书籍以及移动设备，所有教师和学生均可使用。我们在第6章中强调的每一种学习空间，都极其自然地融入了整个学校之中。事实上，在职业生涯中，我访问过数千所学校，不论是成功地将变革性技术整合到教学之中，还是使用其他教学方式，都没有哪所学校能比得上凡蒙德。从各个方面而言，未来学校该有的形式都已经在该校成为现实，但该校在教育界一直默默无闻。

在过去的10多年里，一些组织机构在教育的各个层面上都充分利用了增强现实技术。美国公共电视网是这个领域的开拓者之一，同时也是一家非营利性组织。早在2010年，美国公共电视网儿童频道推出了一款名为《恐龙火车之孵蛋派对》(*Dinosaur Train Hatching Party*)的在线增强现实游戏，孩子们需要在真实世界和虚拟世界中来回穿梭，才能孵化恐龙蛋。一年后，美国公共电视网儿童频道又推出了第一款多玩家增强现实3D游戏应用程序，名为“Fetch! Lunch Rush”，该游戏的主要角色是只卡通狗，它需要为电影摄制组的工作人员提供寿司作为午餐，而孩子们则需要快速为每个员工提供正确的寿司份数。当时的新闻稿称，该游戏“打开了新世界的大门，以全新的方式教授六年级到八年级学生数学技能，如加减法，同时还将虚拟世界和现实世界融合在一起，创造了一种极为有趣的学习体验”。游戏完美契合了美国公共电视网儿童频道为增强现实技术所设定的目标。“我们的目标就是利用各种媒介载体来培养孩子们与生俱来的好奇心，”当时美国公共电视网儿童频道的高级副总裁说，“并激励他们探索身边的世界。”

增强现实技术在教育领域的应用还有一个早期创新者，那就是美国国家航空航天局，它在2012年发布了一款增强现实应用程序“三维航天器”(Spacecraft 3D)，学生们可以通过手机来近距离、多角度地观察一些航空航天设备的3D渲染图。在这个新兴领域，其实有很多组织机构做了许多开创性的努力，上述这些都只是其中的一小部分。自那时起，增强现实就悄然成长为一个强大的技术，虽然还带着些许未知的色彩。然而就在最近，这项技术有了飞跃性的发展。

2017 年，差不多是《精灵宝可梦 Go》发布并引起轰动一整年之后，苹果公司宣布推出一款名为“ARKit”的增强现实技术开发人员工具包。这个工具包需在 iOS 系统上使用，第三方 iPhone 和 iPad 应用程序开发人员可以使用该工具包，轻松将增强现实技术整合到他们设计制作的应用程序中。这意味着不单单只有宝可梦会“出现”在你家或教室中，一切事物都可以。所能“出现”的事物选项确实是无限的，包括图像、数据、图表、图形，数不胜数。如今，我们可以将任何对象放置在真实世界的空间中。不只是将对象投射到现实空间的背景上，而是就像真的放置在现实空间中一样。由于使用了即时定位与地图构建（SLAM）技术并嵌入了深度感应摄像头，将虚拟物体放入真实世界时，位置已经能够非常精准了。

从教育的角度来看，增强现实技术最大的优势在于，它不仅可以叠加全息图，还可以投射地图、图表、视频和文本，比如有趣的事实、定义、统计数据和在线评论。在移动设备上，我们可以通过用设备查看或扫描某图像或二维码，或在到达特定地理位置时，通过地理标记，来触发显示这些全息投影。我们还可以通过许多其他方式来看这些全息图，比如增强现实头戴式设备、数码相机、计算机显示器等。在每种情况中，设备都会将图像以多个数字图层的形式投射到镜片上，用户可以根据需要自行添加或删除数字图层。通过增强现实技术，所有类型的静态内容都可以变得栩栩如生，不论是周期表还是传记，又或者是太空探索。

那么，这对学生来说意味着什么呢？我们来试想一个场景，假设上面讨论的技术现在已经成熟了。还记得我们以前提到的那个喜欢太空，还让 Siri 回答问题的男孩吗？如果他要在白天观察研究星星，那该怎么办呢？

现在他有办法了。他只需要关掉屋内的灯光，点开 iPhone 或 iPad 上的太阳系增强现实应用程序，然后就可以看到太阳系图像出现在家具上了。该应用程序将星系投射成 3D 的形式，当小男孩在屋内漫步时，他可以比较星系的构造，还可以放大和缩小这些星系，以仔细观察特定的恒星或行星，还可以用手指来操纵、转动它们，从各个角度进行观察。如有需要，该应用程序还能投射文本，为他突出显示兴趣点。

但是，如果小男孩更想了解仙女座，而不是他面前的星系，那又该怎么办呢？这正是真正有意思的环节。由于 ARKit 和在该平台上开发出来的应用程序都在他的 iPhone 或 iPad 上使用，这意味着他的手机所能做的一切，都能应用到该太阳系应用程序上。所以，在漫步于星系的同时，如果小男孩有一个问题，他只需问 Siri，并在几秒钟之内就能得到答案。如果所有这些都不足以引起教育爱好者的兴趣，那么，请记住，这一切都是通过移动设备完成的，这意味着学习者无论身处何地都可以做这些事。他们既不受时间限制，也不受空间限制。

我为何会认为增强现实技术有潜力成为迄今为止最具变革性的教育技术呢？或许你能从上面的叙述中找到一些答案。试想一下，如果将增强现实技术与 3D 打印、人工智能、自适应学习、可穿戴设备、物联网、机器人、全球定位系统、大数据、生物识别技术、社交媒体、点播、直播、众包、共同创造和共享经济等融合起来，又会怎样。上述这些中的任何一项与增强现实技术融合在一起，共同服务于学习领域，都会让人觉得兴奋，而且，这项惊人的技术已经存在了。没错，上面所有关于增强现实技术的描述都不是虚构，要么如今已经能够做到，要么不久后就能做到。技术本身已经准备就绪，现在需要的是有人来设计制作出那个酷炫的太阳系应用程序！

往增强现实技术未来的方向再看远一点，它可能拥有的前景就变得更加有趣了。在接下来的一两年内，教师和家长将能下载包含交互式增强现实内容的移动应用程序，内容几乎涵盖了任何主题。由于有了支持用户生成内容的应用程序，我们就能够与全世界各个学习社团一起添加分享有价值的内容，甚至连最不善于使用技术的人也能做到。如果有的老师或家长觉得，已经存在的东西都不符合他们的需求，那么他们大可设计制作出自己的动态增强现实内容（测试其有效性也很简单），然后调整其复杂程度，以适应单个学生的水平。像 ARKit 这类应用程序的发展，正将增强现实技术变成一个平台。平台已经有了，生态系统还会远吗？

全息图

虽然我不喜欢对技术的兴起和普及做长期预测，但不妨让我花点时间跟你们分享一些业内专家们的预测。从我得知的消息来看，再过 5 年，全息图技术也将完全成熟。如果这种类型的增强现实技术能成熟，并在足够大的范围铺展开，那么，我们甚至不需要在手机屏幕上看全息图像了，图像会以完整的 3D 形式展现在我们面前。

随着图形技术的不断完善，全息图生成的图像将具有高清质量，并最终能在 4D 环境（另一种新兴技术）中呈现，这样一来，不仅视觉参与其中，其他感官也可以参与其中，如嗅觉、听觉、味觉和触觉。试想一下，今后学习恐龙的知识无须通过阅读，而是通过一只全尺寸的霸王龙全息投影，让我们不仅可以看到，还能摸到、听到甚至闻到它，如同它就在学校或身边一样。博物馆里，全息雕像就像活过来了一样，讲述着它们自己的故事，通过增强现实技术和人工智能技术，它们还能进行现场问答。学习者将能与增强现实技术所投射的虚拟物体进行互动，伸手就能移动它们，就像它们真实存在一般。

近年来，我最喜欢的宣传视频出自一家增强现实初创公司——Magic Leap。该公司由罗尼·阿伯维茨（Rony Abovitz）于 2010 年在佛罗里达州种植园市创立。该公司不知道是从哪儿冒出来的，研发的却是史上最先进的混合现实技术。不久之后，人们就开始议论该公司到底在捣鼓什么，一时间，谣言四起。《连线》杂志在 2016 年的一篇文章中曾称 Magic Leap 为"世界上最神秘的创业公司"，阿伯维茨听了似乎很受用。虽然亲身体验过 Magic Leap 公司技术的人寥寥无几，但丝毫不影响它声名鹊起，这家公司获得了超过 10 亿美元的融资，参与融资的包括风险投资领域的一些大型公司，例如谷歌和阿里巴巴。2016 年，据《福布斯》称，Magic Leap 公司估值达 45 亿美元。对于尚未发布过产品的初创公司来说，这已经算是非常厉害了！

然而，真正让所有人都大开眼界，将 Magic Leap 的不可思议之处提升到一个新水平的东西，却是一个简单的两分钟的演示视频，这个视频在该公司的网站主页上循环播放。视频刚开始的画面是一个坐满了学生的高中体育馆，学生们都坐在看台上，地板上空无一物。然后突然间，一只实际尺寸的鲸从地板上一跃而起，飞身跃至空中，整个场面十分真切地展现在学生们眼前。学生们难以置信地盯着眼前这一幕，掌声和尖叫声四起："哇！啊！"然后鲸坠落下来，整个体育馆里飞溅着清澈透明的海水，海水随之覆盖了整个地板，鲸也消失于海水之中。几秒钟后，所有的水也全都消失不见了。

据称，这段令人惊叹不已的视频片段旨在展示增强现实技术和全息图的未来已经成为现实，只是世人还未曾意识到这一点！可惜的是，虽然这段两分钟的视频中，其他一些很酷但没那么惊艳的片段是真的，但是这段全息鲸朝孩子们飞溅水花的片段只是一个宣传噱头。我花时间详细地将其描绘出来，是因为我坚信，在那个体育馆里显现出的实际尺寸的虚拟鲸，以及朝着孩子们溅起的虚拟浪花就是未来学习会有的形式。我认为在未来的某个时刻，通过增强现实技术，孩子们能以这一幕所描绘的形式来学习。至于视频本身，即便知道了魔术的奥秘，我认为依然值得去看一看。

每当我想到全息图如今的发展，都会回想起大约30年前的一幕，当时，我的儿子克里斯还是一名八年级学生。他要做一个科学作业，项目的主题可以是他感兴趣的任何事情。克里斯选了全息图为主题，而在当时，人们对全息图还知之甚少。但克里斯认为，全息图是有史以来最酷的事物，所以我把他带去了麻省理工学院媒体实验室，让克里斯和一些全息技术研究人员见面交流。他非常激动！“未来肯定是全息图的天下，爸爸。”克里斯在回来的路上说。我几乎对全息图一无所知，因此只好笑笑说：“哦。”数字原住民在技术方面总是领先我们一步，这就是一个活生生的例子！

给学习者的启示

1. 未来学习中，会广泛使用的九大科技成果：①人工智能；②自适应学习；③智能助理；④物联网；⑤移动技术；⑥ 3D 打印；⑦交互式书籍；⑧增强现实技术；⑨全息图。

2. 使用技术的基本原则：“使用什么”和“如何使用”同等重要。

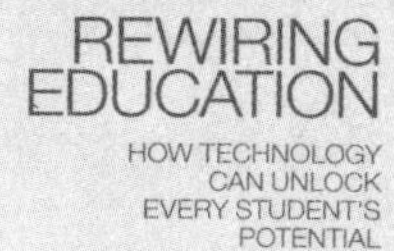

技术解锁教育

AI+ 教育，培养面向未来的人才

栗浩洋

软银创始人孙正义曾经说，如果人的智商是 100 上下，人工智能的智商就是 10 000。为什么？我总结了人工智能的四大特征，供大家一窥究竟。

全知全能，人工智能是世界上最博学的老师

让我们从速记说起。为什么科大讯飞和搜狗都可以把语音识别做到非常精准，并且超越了人类最强的速记员的水平？其中很重要的一个原因是，他们的 AI 系统学习了几十亿条，甚至几千亿条世界上所有人的所有语言，包括词汇、句式、语气语调，根据海量知识来对比和识别人的语言。

IBM 的 Watson 用 17 秒的时间就可以阅读 3 000 多本的著作、超过 24 万篇论文、6 万多次实验数据、10 万多份病人的临床报告。这意味着什么？也就是说它 17 秒钟就可以获得一个拥有 30 多年经验的老医生一辈子的知识。换句话说，通过 5 年的学习，如果没有医院孤岛数据的障碍的话，

IBM Watson 就能学习和掌握世界上几百万名医生的几十亿次看病经验。我们都希望能找到专家看病，甚至四五个专家一起会诊，因为更多的经验带来更好的效果，如果人工智能医生可以无所不知，那么他的诊断水平会远远超过任何医生。

做一个不恰当的比喻，对于 AI 来说，它可以成为任何垂直领域的“上帝”。因为在 AI 出现之前，没有人能够做到“全知全能”。

松鼠 AI 的教学系统也是这样的。我们把 300 个初中数学知识点拆成 3 万个超纳米级知识点。无论多么有经验的老师都不可能像系统这么全知全能，就好像一个开了 20 年车的老司机也不可能像 GPS 导航那样知道城市里每一条街道上的每一个小商户以及从任何一个点到另外一个地点的准确时间。一个特级教师，除了知识储备丰富，他还可能在 30 年里教过几千名或者上万名学生，经验丰富，知道每个学生在每个知识点上面会有什么问题。松鼠 AI 教学系统 3 年教过 100 万名学生，所以由对学生学习数据的分析形成的教学经验，就像 GPS 的导航经验一样是全知全能的，没有一个特级教师能够超过它。

见微知著，拿显微镜看学生的每一处知识结构和学习能力

扎克伯格曾说:“人工智能能够看到人类看不见的危险。”人工智能就像显微镜一样，能够观察每一个用户。每个用户在它心中的画像是完全不同的。比如说我们看人脸，会描述某个人是柳叶眉、高鼻梁、国字脸。而人工智能人脸识别公司商汤或者 Face++，则把人脸图像分成了超过百万个

像素，以此来区分人和人的区别。通过这么细致入微的分辨，AI 对人脸的识别能力远远超过了人类的水平。

在今日头条之前，新闻行业对用户的分类是很粗糙的，比如把人分成喜欢看财经新闻，或者军事新闻，或者娱乐新闻、科技新闻、教育新闻、政治新闻等。今日头条会用上百万的标签来标记用户，比如有的人看财经且重点关注消费类企业，有的人看军事且特别痴迷于军舰。我的头条里面会有论文级别深度的人工智能专业文章，几乎没有阅读量最大的社会新闻和娱乐新闻，但会有与禅修、小众旅游相关的内容。我看“创业”类别分析文章，但是融资 5 亿元以下的就不看了，因为松鼠 AI 已经融资近 10 亿元，但如果是人工智能公司或者教育公司，那么融资 500 万元的新闻或者分析文章我也会看。今日头条可以把我的阅读爱好“见微知著”地深度分析，推送给我的都是我最关注的内容，这就导致我每天凌晨 2 点上床后总会忍不住阅读一两个小时。

AI 教育也是一样，系统对学生的评价不再是单纯的“学霸”“学苗”，或者“思维敏捷”“理解速度慢”这样的粗糙的标签，而是包含在几万个知识点上面学生对每一个知识点的掌握程度、学习速度，以及他们在某种思维方式、学习能力、学习方法上的优势和劣势。

大家普遍认为学苗一定不如学霸，其实在松鼠 AI 过去 3 年的数据里面，我们发现真实情况可能并不是这样子的。在某些很简单的知识点上，有些学霸学习速度很慢；而对于一些学苗来说，有一些高难度的知识点恰好是他们的能力强项，所以学得比学霸还要快。

比如说我小时候，一背语文诗词就非常崩溃，记人名也很痛苦。小时候小姨从外地来看我，总要抱着我问：“你还记得我是谁吗？”千万不要问我这种话，我是真的不记得，这是能力问题。

我记得初一刚开始学习英语字母时，有一次老师叫我们在黑板上写 5 个字母，大家都写对了，只有我写了 2 个字母。不过，我很擅长逻辑类问题，像议论文、复杂的多知识点和多重能力混合题目，以及生活中工作中的艰难判断，我应对起来非常快。

如果小时候能接受 AI 教育，我就可以在自己不足的地方进行更多的学习和训练，就能提升我的记忆能力，长大以后，我也就有可能像周恩来总理一样，可以记住几年前见过一次面的工人，并且能与他交流当时的场景。

综上所述，AI 可以从非常细微的、就连人类最好的老师也很难看到和把握的层面去理解每一个学生的特性。这就像把模糊的照片变成高清照片，从而给我们超过期望的教学效果。

无穷算力，通过大数据瞬间判断推荐最合适的教学内容和练习难度

著名的认知心理学家平克说过："大数据还是有限的数据，而宇宙的数据是无限的。"人类可以处理的数据是有限的，而 AI 可以处理的数据接近无限。

AI 股神曾经跑赢巴菲特。最近有一个新的基金叫 AIEQ，它能发现所有的基金经理发现不了的潜力股，每天处理 100 万则企业公告、季度财报以及关于企业的各种各样的新闻，从而拿到所有的参数判断到底应该去买哪一支股。另外，它每天可以进行几百万笔交易，而这些都是人类不可能企及的。

AlphaGo Zero在完全没有借助人类经验的情况下，诞生三天就自我

对弈了5 000 000盘，然后把AlphaGo一代（曾战胜李世石）打成100：0。人类在三天里可以下多少盘围棋？不吃不喝不睡也达不到100盘。

一个诞生三天的AI婴儿在围棋领域的智商可能是围棋第一人的100倍。这就是孙正义所描述的情况。

系统的学习速度是非凡的，可以完成我们在传统教育中做不到的事情。

我的朋友傅忠宏是达晨创投的主管合伙人。达晨创投是中国最知名的创投机构之一，管理资金规模达300亿元。傅忠宏的孩子傅政从2017年9月到2018年3月用我们的系统学习，但没有很明显的进步，考试成绩时高时低。原因是什么呢？他本来是一个学霸，但物理总分90分，他大概能考70分，也就是说还有20分左右的知识点他是不会的。

但他不仅是九年级下学期的一些知识点不会，其实九年级上学期、八年级全年的知识点都存在一些漏洞，而我们在给他做知识点扫描时，考虑到他是一个学霸就没有往前追溯，而是往后弥补他的漏洞。所以，在他刚学习的半年里，考试时正好考到他会的知识点他就考得好，否则情况就不同。

很多家长也会有这个困惑，为什么学习了半年，有时候成绩提高了，有时反而下降了呢？原因就在这。

2018年6月，小傅的物理考了87分，因为我们已经为他补齐了知识点薄弱的地方。

我们给他做了测试，他已经会的89个知识点完全不用学习了，松鼠AI系统给他节省了2 000多分钟的学习时间。我们一点点地帮他补齐未掌握的知识点，而且提升了他的学习方法、学习思维和能力。这是松鼠AI的实践路径，这在全球所有的AI教育里是从来没有过的。

其他AI教育软件都是着重知识点的学习，我们发现，在进行能力学习的时候，有些题目小傅同学做错了，原因并不是他不会这个知识点，而是他把因果关系倒置了。他已经掌握了电阻、电流、电压之间的关系，但是没有意识到在实际考题中定值电阻的阻值是恒定不变的。小傅同学过去认为，电阻跟电流在电压一定的情况下成反比，但其实并不是，他犯了因果关系倒置的错误。

上百万个孩子在上千万道题目中错因不同，要根据孩子的实际情况匹配解决方案，若没有AI的无穷算力简直不可想象如何能做到。

杨澜在做全球AI专家访谈的时候，把我7岁的双胞胎儿子叫去现场做松鼠AI的测试。他们在做四年级的题目时达到了90%的正确率。除了测验知识点，系统对他们的思维、能力、方法进行了分析，发现哥哥张洪源比较擅长反证法和逆向变换法，而弟弟栗浦洲比较擅长待定系数法、等面积法。洪源的有些思维模式比较像我，创造性思维能力比较强，但直观感受比较差；而浦洲的直观感受能力比较强，创造力相对来说比较弱。

AI教育系统不但要进行知识点的分拆，还要给每一个题目做能力、思想和方法的标注，然后根据孩子的情况进行测试并量身定做学习方案。这对于数据量的处理已经不是任何一个人类老师可能做到或想象的了，但是对于松鼠 AI 系统来说，只需要一个小时的测试就可以了如指掌。

两个考试成绩均为 80 多分的学生掌握和未掌握的知识点各不相同，他们的能力、思想和方法的优势和缺陷也不相同，每道题目的错因更不相同。虽然都得了 80 分，但几乎没有一样的情况。

只有计算机的无穷算力才能做出这么详细、快速的判断，能够每分钟都和学生互动。通过学生反馈的数据、学生的表情、学生的鼠标滑动等信息，去判断下一步应该给他提供什么样的教学内容。

自我进化，人类创造的人工智能超过了人类的想象

AI 的第四个特征是它作为新物种远超人类的原因，即自我进化。自我进化真的应该让我们感到恐惧。《人工智能时代》的作者杰里·卡普兰教授曾经说过，机器经过学习已经发展出自己的直觉，它们通过直觉行动而不依赖人类经验了。

人类设计的各种机械产品，比如汽车，或者像滴滴、淘宝、微信这样的程序是按照设定好的规则去运转的。人类设计的功能是什么，它们就永远是什么。但 AI 不是这样的，刚设计出来时它是一个婴儿，等到半年、一年后，它已经超过了所有人的想象，具备设计者都没有想象到的能力，并且可能还会否定它的创造者的逻辑。

5 年以后，我们会发现微信还是微信，如果没有人给它增加功能，它就不会多一分能力。但是以 AI 为基础的 AlphaGo 并不是这样，在刚被设计出来的时候它非常弱智，连一段棋手都赢不了。但是后来它到互联网棋

类网站上化名 Master 跟大量棋手进行对弈，它的智商和智能大幅度提升，直到远远超过九段水平。AI 是不断进化的。如果人类没有采用 AI 算法，只是用程序编写一个下棋软件，那么编写出来的水平就是它永恒的水平。在过去，计算机程序是不会自我进化的，但是现在的 AI 却可以！

人类曾经以为 AI 只能做一些系统性的事情，诸如想象力、创造力、艺术方面的工作还是需要由人类来完成。实际上这低估了 AI 的进化能力。

罗格斯大学在全球 AI 学术水平中排名前 30，该校教授用 AI 模仿当代最知名的画家创作作品，并将画放在美国当代艺术博物馆里，其中有 85% 的专业观众根本分不清哪些是大师所作，哪些是 AI 所作。

微软小冰写的诗曾投稿给《北京晨报》、《北京娱乐信报》等媒体，曾被选中七八次，远远高过人类投稿的录取率。小冰已经会吟诗和唱歌了，它唱的歌还通过了图灵测试。我在《非你莫属》的舞台上看到了小冰写的描述选手心境的诗，不得不说，我深深地被打动了。

向着太阳的灯光汇聚，
追寻光明与灵魂的梦境。
光影照彻蔚蓝的台上，
也照亮我的一片心慌。

听到不同世界的声音，
惊醒着迷茫踌躇的自我。
即便看全世界的泥泞，
也要找到通往未来的秘密。

选手每次都被十几个老板“围攻”，但是仍旧顽强地表现自己，期望最终幸存并找到一个理想的工作。我觉得小冰的这首诗将他们的心境写得十分到位，水平几乎仅次于顾城和北岛，已经战胜 90% 的人类诗人了。

在现场，我觉得 AI 已经要接近无所不能了。那时候我就在想，松鼠 AI 是不是可以培养孩子的想象力和创造力？当我跟所有的 AI 界顶级的教授沟通时，他们都觉得不可能，AI 怎么能培养孩子的创造力呢？

我常常深度思考这种看似不可能但又非常重要的问题。

回想一下我们小时候，什么样的老师可以培养想象力和创造力？可能只有极少数的实力最强的老师才敢问学生富有想象力和创造力的问题，因为他们博学并有多年的教学经验，这让他们可以应对任何开放性问题。很多老师不敢问开放性问题，总是出有固定答案的问题，因为他们没有足够的经验和知识储备来应对学生千奇百怪的答案。优秀的老师还有一个特征，就是敢于承认自己的错误和无知。但有很多老师不敢承认自己的无知，那是因为他们的内心还不够强大。

AI 可以集合所有人类教师几十万个甚至几百万个开放式问题激发孩子的想象力、创造力，而且可以集合数亿个孩子的不同回答，并针对这些回答给予回复。

可见，AI 的全知全能、见微知著、无穷算力，让它可以成为这个世界上最博学的老师，并能针对不同的孩子给出他们最感兴趣的、最能够启发他们思维的问题，加以互动。无论孩子回答什么，AI 老师都可以应对，有的答案并不完美也没关系，也许它将从另一个角度启发孩子新的思考。

随着 AI 老师不断吸纳知识、进行大量互动，它的储备会越来越丰富，对孩子的提问会越来越准确，对孩子的指导也会越来越有效。这种进化路径是可以预期的。

松鼠 AI 也在不断进化中。过去几年松鼠 AI 学习人类顶尖教育专家的经验，对知识和题目进行标注，并且建立了针对学生的教学逻辑和顺序。自我进化到今天，它已经超越了这些教育专家的智慧，会反驳甚至修改特级教师和专家对题目难度系数的标注、对于知识点关联性的标注、对于题目方法标签的标注。

在教学策略上，松鼠 AI 也颠覆了教育工作者们的想象。比如，全球的教科书或者教辅书，都会在每个章节标注“重点”和“难点”，老师在课堂上也会花主要时间讲解重点、难点。但是松鼠 AI 通过几年的教学经验发现，有些孩子的学习能力在某些点上有问题，其实可以暂时放弃某些重点，先去突破其他相关知识，等到其他的都掌握后再重新回来学习，这样效率更高。AI 系统还发现，耗费大量的时间在难点上并不意味着一定能达到理想的学习效果。比如，一个考试成绩为 60 分的学生的目标是在一个学期里提升到 80 分，那就说明他总是有 20 分的知识点不会，那么为什么不先放弃那些啃不动的骨头，先把自己擅长的和可以掌握的掌握呢？这还有益于建立自信心。

通过自我进化，AI 不断颠覆每个人的认知。

那松鼠 AI 的最终目标是进化成什么？我们希望松鼠 AI 能成为像苏格拉底 + 达芬奇 + 爱因斯坦合体的超级老师来给学生授课。它是世界上最博学、最有智慧、最多才多艺的老师，让每一个孩子，无论是生活在一线城市还是六七线的乡镇，无论是富有家庭还是贫困家庭，都可以享受到世界上最好的教学质量，从小激发自己的潜能，成为一个不一样的自己！

AI 将全面替代人工

松鼠 AI 这 3 年的销售额达到了 500% 的年复合增长率。在发展企业之外，我们也深知自己肩负的社会责任，因此捐赠了价值 100 万元的学习账号给全中国贫困家庭的孩子，让他们也能够享受到 AI 特级老师的教学。

几百年前我们只学一门功课，那就是文言文。到今天，中小学生在学 20 多门功课，我相信在 10 年、15 年之后，通过松鼠 AI 的努力，每个孩子在初高中时就可以非常轻松地学一两百门课程。

未来的孩子会比现在的家长聪明十倍、百倍，前提是要采用 AI 教育的方法。这就像人类拥有了汽车后，会比走路出行的速度提升十倍、百倍一样。几百年前，只有几十万人类认字，而现在几乎每个人都认字，这是印刷技术出现以后对教育带来的变革。过去，全世界只有几千个精英，现在，在科技、娱乐、新闻、金融、体育等不同的领域里有几十万精英。如果未来我们的孩子都能接受 AI 老师的教育，激发大脑潜能，那我相信未来世界上的人全部都是精英。

霍金曾经说过："计算机将在未来 20 年里凭借 AI 战胜人类。" 我比他乐观些，我认为在过去一两百年中，机器在体力上已完全取代了人类的工作，在未来 20 年里机器将在脑力上全面代替人类的工作。

这听起来是不是有点恐怖？但其实大家没必要害怕，在过去几百年里，有两种机器已经代替了 90% 的人类工作，那就是播种机和收割机。在几百年前，人类几乎全部都是农民，而现在只需要极少数农民就可以养活全世界的人，剩下的人不但没有失业，还有了更丰富的物质和精神生活。

在未来，AI代替所有人类脑力工作之后，每个人一周可能只需要工作一天半，便可以获得是现在十倍、百倍的财富，享受到比现在更加丰富的精神生活。

但是，等那一天来临的时候，AI会不会统治和奴役我们？这可能是我们最大的问题，而且恐怖的是，这场替代会来得更加迅速。就像工业革命造成整个欧洲几十万人失业一样，未来因AI导致的失业问题可能会更严重。

在终极幸福之前，我们必须做好对痛苦的心理准备。在令人期待又令人担忧的未来即将到来的时候，我想问每个人，你们准备好拥抱这种变化了吗？

“AI+教育”给学习带来的变化

结缘松鼠AI

结缘松鼠AI，是偶遇，而且充满了戏剧性。那一日，妈妈在电梯里见有人脚边放着一大袋土豆，便问那人是否可以卖给她六个。那人回道：“我们刚买的，直接送你几个吧。”妈妈欣然接受并表示感谢，便与那人闲聊起来，遂打听到那人是做辅导班的。由于妈妈对我的学习一直都很苦恼，便多问了一下，了解到这个辅导班有点不一样，他们的教学理念非常新颖，不是传统地接受真人老师授课，而是主要跟着人工智能系统学。妈妈觉得或许这对我的学习会有帮助，就扯着人家多聊了一会儿，感觉还不错，于是决定后面找时间带我去看看。

在妈妈眼里，那时候的我是个让人不省心的孩子。每天做作业时，我基本上都是打开搜题 APP，草草了事。其他的时间就和几个玩的好的同学，在奶茶吧里打游戏。

为给我补课，妈妈花了不少钱。她给我报过大大小小七八个辅导班，但最后我的成绩还是不堪入目，这让妈妈几乎不报什么希望了。而我呢，一听到“辅导班”三个字就头大。所以当妈妈跟我提议去一个新的辅导班时，我心里是极其抗拒的。妈妈说，若是传统的辅导班也懒得再让我去了，但这家是电脑学习的，他们会用很先进的“人工智能”快速找准我的问题，然后再让我进行针对性学习。

三天过后，也就是 2018 年的 11 月 11 日，在妈妈的陪伴下，我参加了它们的体验课。那时候，我刚经历期中考试，数学总分 150 分，我只考了 63 分，自己对数学也越发不自信。

那天刚到教室时，我有些紧张，无措地等着老师的安排。老师引导我进入 AI 系统测试。不到 10 分钟之后，测试结果出来了，不出所料，的确是很不好：知识点掌握率为 17%，正答率仅为 25%。

这虽是我与系统的第一次接触，但我觉得 AI 系统似乎很了解我，能清晰罗列我的学习情况，这让我觉得有些神奇。抱着试试看的想法，我对妈妈说：“我觉得跟着这个系统学习，有可能会学好。”

在随后一个月的课程学习中，我的知识点掌握率逐渐提升。我不再像刚开始那样紧张，反而迫不及待想进行先行测试，找找自己还有哪些问题。我也想着，正确率下次争取也达到 100%。

吴梦娴的学习数据 1

吴梦娴刚刚进入系统学习时，先测报告如图Ⅳ－1 所示。

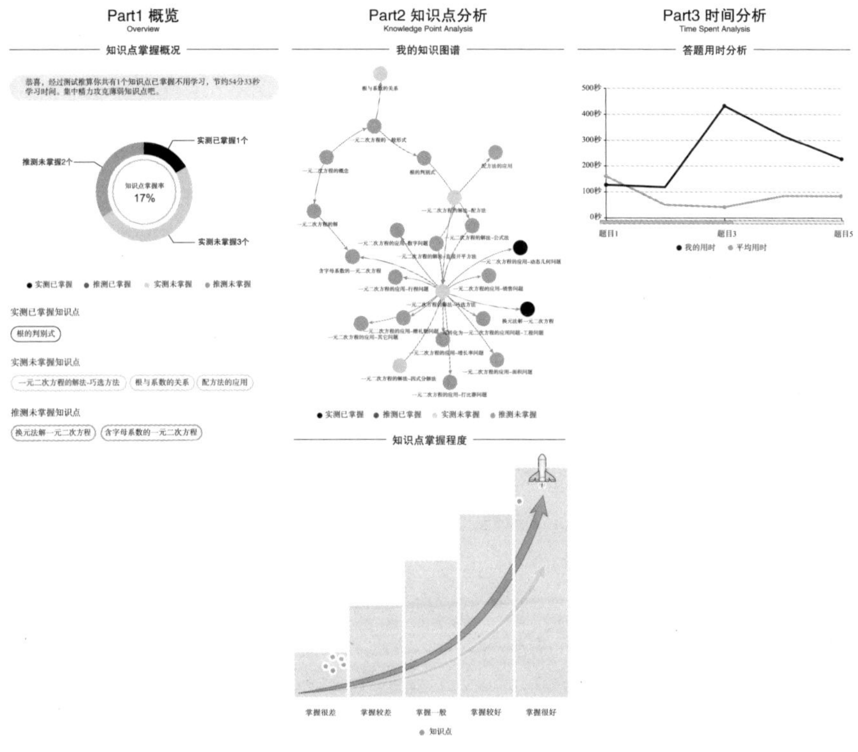

图Ⅳ－1 吴梦娴的先测报告

梦娴大部分知识点都处于未掌握状态。成绩落后于大多数同学。

通过学习后，她有一半的知识点更新为已掌握状态，学习情况较好，在很多知识点上的能力值有明显上升（见图Ⅳ－2）。

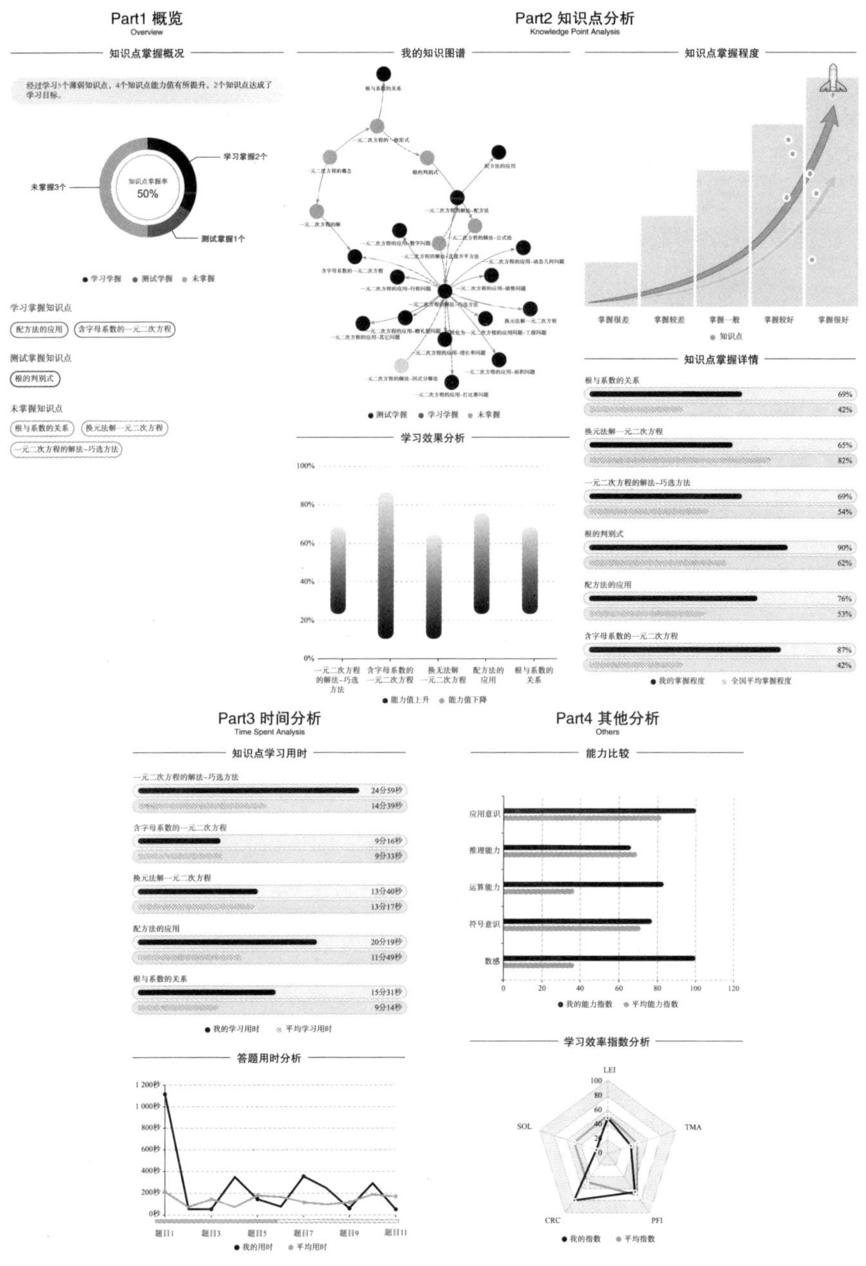

图Ⅳ－2　吴梦娴学习一段时间后的学习报告

表Ⅳ－1是吴梦娴知识点能力值在学习前后的对比。

表Ⅳ－1　吴梦娴学习前后知识点能力值对比

知识点名称	学习前能力值	学习后能力值	提升幅度	是否达标
一元二次方程的解法－巧选方法	23%	69%	46%	否
含字母系数的一元二次方程	10%	87%	77%	是
换元法解一元二次方程	10%	65%	55%	否
配方法的应用	23%	76%	53%	是
根与系数的关系	23%	69%	46%	否

从不愿学到我想学

妈妈也感觉到了我在学习上的变化。她原本以为，新鲜几天后，我肯定就恢复原样了。但在这一个月的学习过程中，我从之前要去上课时拖拖拉拉不想出门，变成会早早起床赶到校区上课。尤其是后面两周，学习回来后，我还会手舞足蹈地跟妈妈讲自己在学习上的进步、系统怎么判断我进步了、我是怎么跟着视频老师学习的。最让妈妈吃惊的是，升入初三以来，我第一次认真地跟她讲，我想继续好好学习，考一个好高中。

又经过一个月的学习后，学校进行期末考试。150分的试卷，我考了131分！不过对于这个结果，虽然其他同学可能会觉得有些不可思议，但我知道这是必然的，自己是可以考到的！我在知道成绩的第一时间打电话跟贾校长、荆老师、妈妈说这个好消息。大家都为我考到这个好成绩感到很开心！

年底的时候，妈妈关掉了她一直在经营的小茶馆，平和地跟我说道："中考只有 100 天了，妈妈也要全身心关注你的学习。之前是学习方法没找对，现在跟着这个教学系统学习，我真真切切地看到了你的进步。咱们争取中考有一个好结果，妈妈相信你！"

回首前面两个月的系统学习，我最喜欢的环节非"知识点视频"莫属。其实刚开始，我是不知道要听这个教学视频的，我觉得花几分钟时间听视频，还不如在系统上多做几道题呢。但我发现，做后面的练习题时我总会出错，自己好像找不到解决这种题的方法。

到底是什么原因呢？听老师一番解释后，我才知道，原来自己漏掉的这个环节还比较关键呢，我也了解了听知识点视频对自己的帮助。在这之后，每到知识点视频弹出时，我就会主动拿起耳机，把演算纸准备好。不过刚开始，因为我的薄弱点比较多，有的视频，听完一遍后，还是有点不太明白，练习也会出错。AI 系统推荐我再次听，虽然是基础视频，但我有时候可能会听两三遍，然后才能慢慢明白这个知识点的用法。真正理解后，我再来进行练习，也懂得题目设计的"坑点"或者"套路"。

我的学习水平不断提升，而 AI 系统也改为给我推送巩固视频，这对我来说又是一个挑战。不过因为前面感受过听视频带来的甜头，我也提高了对自己的要求，在学习知识点视频的过程中，要求自己不仅仅听，还需要加以思考。若遇到自己经常犯的错题，我会思考视频里老师的思路，反思自己的错误；遇到视频中老师讲的题型，我也会在本子上进行记录，尝试着归纳，慢慢找到自己的学习方法。后面的练习题虽然有难度，但我能有清晰的思路进行作答。最终的学情报告中，AI 系统判定我的知识点掌握率基本都在 85% 以上。

吴梦娴的学习数据 2

1. 梦娴在系统中的整体完成率达 93.33%，几乎每节课都认真完成。
2. 学习效率提升。学习进步后，她加了课时，保证学习内容量的上升。最开始，梦娴也与大部分上课外辅导班的学生一样，每周固定学习预先设定好的 2 小时内容。但是，跟随松鼠 AI 系统学习两周后，她尝到了甜头，主动将每周的上课时间提升到 4 小时。
3. 伴随着松鼠 AI 带来的成就感，梦娴在学习中变得越来越主动。两个月的时间，总共学习 15 个次课，共完成 82 个知识点、累计做题 311 道。按照一般的课外培训进度，15 次课需要接近四个月才能学完。使用松鼠 AI 智适应系统极大地提高了学习效率。
4. 学习效果明显。在学习阶段，36 个薄弱知识点中，梦娴有 34 个知识点能力值得到提高，平均能力提高了 0.35，得到强化的知识点占比为 94.44%。

有限的时间，更多的知识

最让我开心的是，我的学习效率也提高了好多！之前在 2 小时中，我有时候连一次课的学习也没办法完成，而现在我甚至可以完成 2 次课的学习！我不仅把近期学校学习的知识加强巩固了，还能利用剩余的时间，提前准备中考题型进行专项学习呢！

吴梦娴的学习数据 3

11 月吴梦娴刚开始使用系统课，学习《一元二次方程》专题，1 课次的内容需要在校区学习 2 ~ 3 天才能完成课次学习目标。系统学习进行四周后，她的学习效率逐步提升，一课次 1 天就可以完成。在继续的学习中过程中，她的效率进一步提升。12 月 23 日这天，吴梦娴在一节课的时间里学完了 2 节课的内容，不仅完成了当日的学习目标，还超额完成了 1 个课次的内容学习。从课次完成情况看，吴梦娴在系统中的学习效率在不断提升。

图Ⅳ－3 是吴梦娴课程学习示例。

<table>
<tr><th>系统课次</th><th>学习日期（每次课程2小时）</th></tr>
<tr><td>34918-第一次课一元二次方程的概念与解法</td><td>2018/11/11</td></tr>
<tr><td rowspan="2">34920-第二次课一元二次方程的相关运用</td><td>2018/11/18</td></tr>
<tr><td>2018/11/24</td></tr>
<tr><td rowspan="3">34922-第三次课一元二次方程的应用</td><td>2018/11/24</td></tr>
<tr><td>2018/11/25</td></tr>
<tr><td>2018/12/1</td></tr>
<tr><td rowspan="2">34924-第四次课二次函数的图象与性质</td><td>2018/12/2</td></tr>
<tr><td>2018/12/6</td></tr>
<tr><td>34942-第十三次课圆的有关性质</td><td rowspan="2">2018/12/8</td></tr>
<tr><td>34944-第十四次课点与圆的位置关系</td></tr>
<tr><td>34946-第十五次课直线与圆</td><td>2018/12/9</td></tr>
<tr><td>1121578999011607-第一次课反比例函数的概念和性质</td><td rowspan="3">2018/12/15</td></tr>
<tr><td>1121578999011608-第二次课反比例函数的应用</td></tr>
<tr><td rowspan="2">1121578999011609-第三次课相似形及比例线段</td></tr>
<tr><td>2018/12/16</td></tr>
<tr><td>1121578999011610-第四次课相似三角形的判定</td><td>2018/12/22</td></tr>
<tr><td>34948-第十六次课正多边形和圆、弧长和扇形面积</td><td rowspan="2">2018/12/23</td></tr>
<tr><td>34952-第十八次课概率初步</td></tr>
</table>

图Ⅳ－3　吴梦娴课程学习示例

说明：开始学习时，系统的第 2、3 次课需要 2 节课的时间才能完成。慢慢学习后，12 月 8 号、12 月 15 号、12 月 23 号这 3 节课中，吴梦娴每节课可以学习系统上 2 次到 3 次的内容。

结语

技　术

让每个人成为终身学习者

在瞬息万变的时代，终身学习的人能在未来如鱼得水，而止步不前的人则会被时代淘汰。

——埃里克·霍弗

几年前，我问一位澳大利亚学生，他们的教育环境如何。他说他们属于澳航式教育体系。我问："你是说量子论吗？""不，"那位学生说，"我说的是澳航，那家航空公司。上了飞机就得关闭所有电子设备，全程系紧安全带，并暗自祈祷飞行员能驾驶飞机飞往我想去的目的地。乘客必须等到降落之后才能恢复数字生活。"用这种说法来比喻学校的步伐没有跟上如今的数字时代十分贴切。但现状仍然如此。而所有人如今要做的就是要改变现状。

我相信，是时候停止尝试修复教育和取代教育了，而我们应该做的是重塑教育。这意味着我们应刻意远离旧设计，因为旧设计无法有效地满足数字原住民的需求。这意味着在将技术应用到教育领域之前，我们应先了解心理学，并相信只要孩子们拥有足够的动机，他们就都拥有成功的潜力。这意味着我们要将关注点从被动教育转向主动学习，并确保学生有理想的学习空间。在这个理想的学习空间里，学生们能定期积极参与到解决各种各样的问题中去，类似于在挑战式学习模式中所涉及的问题。这意味着我们要给每一位学生提供充分的条件和机会，例如教给他们如何亲手敲代码、创建事物等，使其能在 21 世纪立足。这意味着我们必须重新思考教学，提供持续的专业发展，使教师成为学习的促进者，而不是信息传递者。这意味着提高我们对技术的期望，并以打破常规的方式运用技术，由此让它得以释放每个学生的潜力，迈向教育的明天，这本就是他们应得的待遇。问题是，我们能切实做些什么呢？

在对各层领导者提出反对意见这点上，最合适的发言者是家长，但对改革持反对意见的恰恰是那些孩子们已经上了好学校的家长。设想一下，如果你自己的孩子已经在接受良好的教育，那么，教育体系对你而言可能根本没有什么问题。这些家长们自己极有可能在当前教育系统中也都有良好的表现。

“所有这些说公共教育有多糟糕、有多需要改革的，都是无稽之谈，”一位家长曾经如此斥责我，“我不也在相同的体系中接受的教育吗，我不是挺好的吗？这个体系已经够好了！”正是这种与现实脱节的心态，导致了教师仍在继续努力满足学生的需求，这也是美国教育一个多世纪以来没有多大改变的原因。且不说这位家长的想法显然是错误的，即便这个体系可能和以前相同，但这个世界已然不同，因此，想要帮孩子在这个新世界立足，旧的教育模式远远不够好。

小马快递是 1860 年建立的一个运输服务系统，用于在加利福尼亚州和密苏里州间传递邮件，其邮路经过大平原和落基山脉。这也意味着要穿过“印第安国家”，这片领土可不是什么安全的地方。当时的骑手广告是这么写的：“招聘：年轻、清瘦且结实的男性，年龄不超过 18 岁；必须是专家级骑手，出生入死也心甘情愿；孤儿优先。”小马快递骑手的英勇形象还为一幅图的创作带来了灵感，该图描绘了一名年轻人向一些工人挥手的画面，而这些工人正在为电报系统竖电线杆、接电线。这名年轻人看到了邮件运输业的未来，看到了一种以更快捷、更廉价、更安全的方式传递信息的方式。电报系统在这里正是一种变革性技术，使危险的小马快递服务系统退出了历史舞台。我经常在演讲时问教育工作者们："我们算是教育领域的小马快递吗？又或者，我们正在为新的学习环境打基础吗？"

如今，教育体系已经无法满足太多学生的需求，而我们已经具备了改变这种状况的条件，因此，我们必须仔细想清楚，自己是否愿意继续对像小马快递一样的教育体系坐视不理，是否愿意继续接受现今教育体系的种种缺陷。就像那时候取代小马快递的电报系统一样，目前，有能力重塑教育的变革性技术已经出现了。最终，我们今天设计的教学方式将决定整个社会的未来。

随着越来越多的人开始意识到，目前的教育系统存在诸多问题，但同时我们也拥有越来越多的解决方案，这让我相信我们可能迎来真正的改变。我希望你能将此书视为一个行动号召，然后开始主动联系别人，与他人交流，再进一步要求教育界和政界的领导人，让其做到合理利用行之有效的最新研究、教学方法和技术。真正的改变很少自上而下地发生，想让领导者自行想出什么绝妙的想法，然后说服公众都去采纳，再奇迹般地改变世界，这基本上是天方夜谭。重要的变革，甚至所有的改革运动都是从底层开始的，始于像你我这样的人，通过基层人民的呼吁，一步步抵达当权者，才能迫使他们不再坐视不理，开始做出改变。

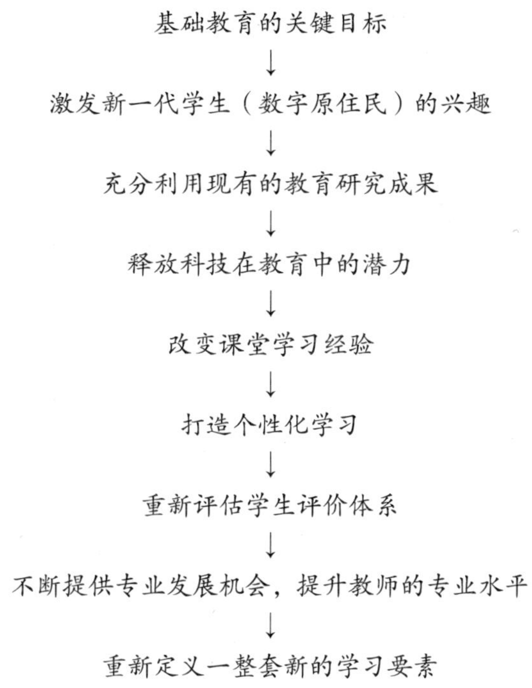

孩童时期，不论什么时候，只要我一有抱怨，无论事大事小，我的父亲都会面无表情地盯着我，半晌才开口说："所以呢，你打算怎么办？"这基本上是在向我抛出一个挑战，让我"要么闭嘴，要么行动"：要么试着做点什么去改变我不喜欢的事情，要么就停止抱怨。如今，一遇到有人抱怨自己在和孩子接触、在教导孩子时做得不够好，我就会抛出相同的问题：你打算怎么办？幸运的是，我们能做的有很多，尤其是现在。

作为个人，你可以通过自由使用在线资源（如 Change.org 等社会公益请愿网站），以及 Twitter 和 Facebook 等社交网络平台，发起一场真正的变革，无论这场变革是属于联邦级、州级、地方级还是校级。如今，互联网和社交网络的飞速发展，使得普通人比以往任何时候所能做到的都多得多。只要有一位家长、教师或活动家创建一个在线请愿书，或者通过发推文、在 Facebook 或 Instagram 上发帖，分享他们的想法，就有可能引发一系列的事件，最终导致一场彻底的变革。而这一切都可以从单个人开始。正如圣雄甘地所说：“如果你希望世界有所改变，不要去想，去付出行动。”重塑教育这场运动正在蓬勃发展中，我热切盼望你也能成为其中的一分子，加入我们的对话，去为你希望看到的改变付出实际行动。

未来，属于终身学习者

我这辈子遇到的聪明人（来自各行各业的聪明人）没有不每天阅读的——没有，一个都没有。巴菲特读书之多，我读书之多，可能会让你感到吃惊。孩子们都笑话我。他们觉得我是一本长了两条腿的书。

——查理·芒格

互联网改变了信息连接的方式；指数型技术在迅速颠覆着现有的商业世界；人工智能已经开始抢占人类的工作岗位……

未来，到底需要什么样的人才？

改变命运唯一的策略是你要变成终身学习者。未来世界将不再需要单一的技能型人才，而是需要具备完善的知识结构、极强逻辑思考力和高感知力的复合型人才。优秀的人往往通过阅读建立足够强大的抽象思维能力，获得异于众人的思考和整合能力。未来，将属于终身学习者！而阅读必定和终身学习形影不离。

很多人读书，追求的是干货，寻求的是立刻行之有效的解决方案。其实这是一种留在舒适区的阅读方法。在这个充满不确定性的年代，答案不会简单地出现在书里，因为生活根本就没有标准确切的答案，你也不能期望过去的经验能解决未来的问题。

湛庐阅读APP：与最聪明的人共同进化

有人常常把成本支出的焦点放在书价上，把读完一本书当作阅读的终结。其实不然。

时间是读者付出的最大阅读成本
怎么读是读者面临的最大阅读障碍
“读书破万卷”不仅仅在“万”，更重要的是在“破”！

现在，我们构建了全新的“湛庐阅读”APP。它将成为你“破万卷”的新居所。在这里：

- 不用考虑读什么，你可以便捷找到纸书、有声书和各种声音产品；
- 你可以学会怎么读，你将发现集泛读、通读、精读于一体的阅读解决方案；
- 你会与作者、译者、专家、推荐人和阅读教练相遇，他们是优质思想的发源地；
- 你会与优秀的读者和终身学习者为伍，他们对阅读和学习有着持久的热情和源源不绝的内驱力。

从单一到复合，从知道到精通，从理解到创造，湛庐希望建立一个“与最聪明的人共同进化”的社区，成为人类先进思想交汇的聚集地，与你共同迎接未来。

与此同时，我们希望能够重新定义你的学习场景，让你随时随地收获有内容、有价值的思想，通过阅读实现终身学习。这是我们的使命和价值。

湛庐阅读APP玩转指南

湛庐阅读APP结构图：

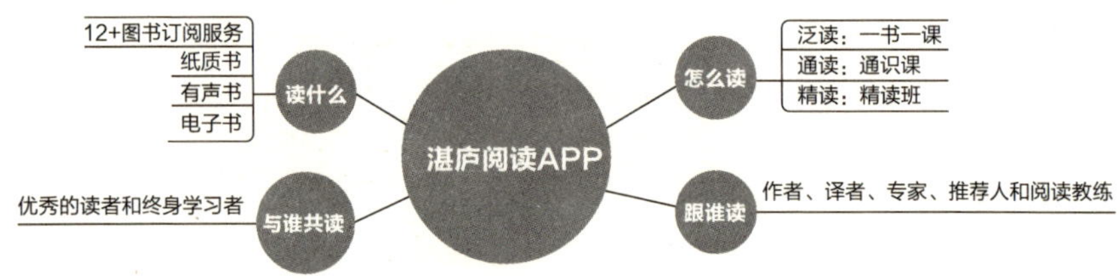

三步玩转湛庐阅读APP：

APP获取方式：

安卓用户前往各大应用市场、苹果用户前往APP Store
直接下载"湛庐阅读"APP，与最聪明的人共同进化！

使用APP扫一扫功能，
遇见书里书外更大的世界！

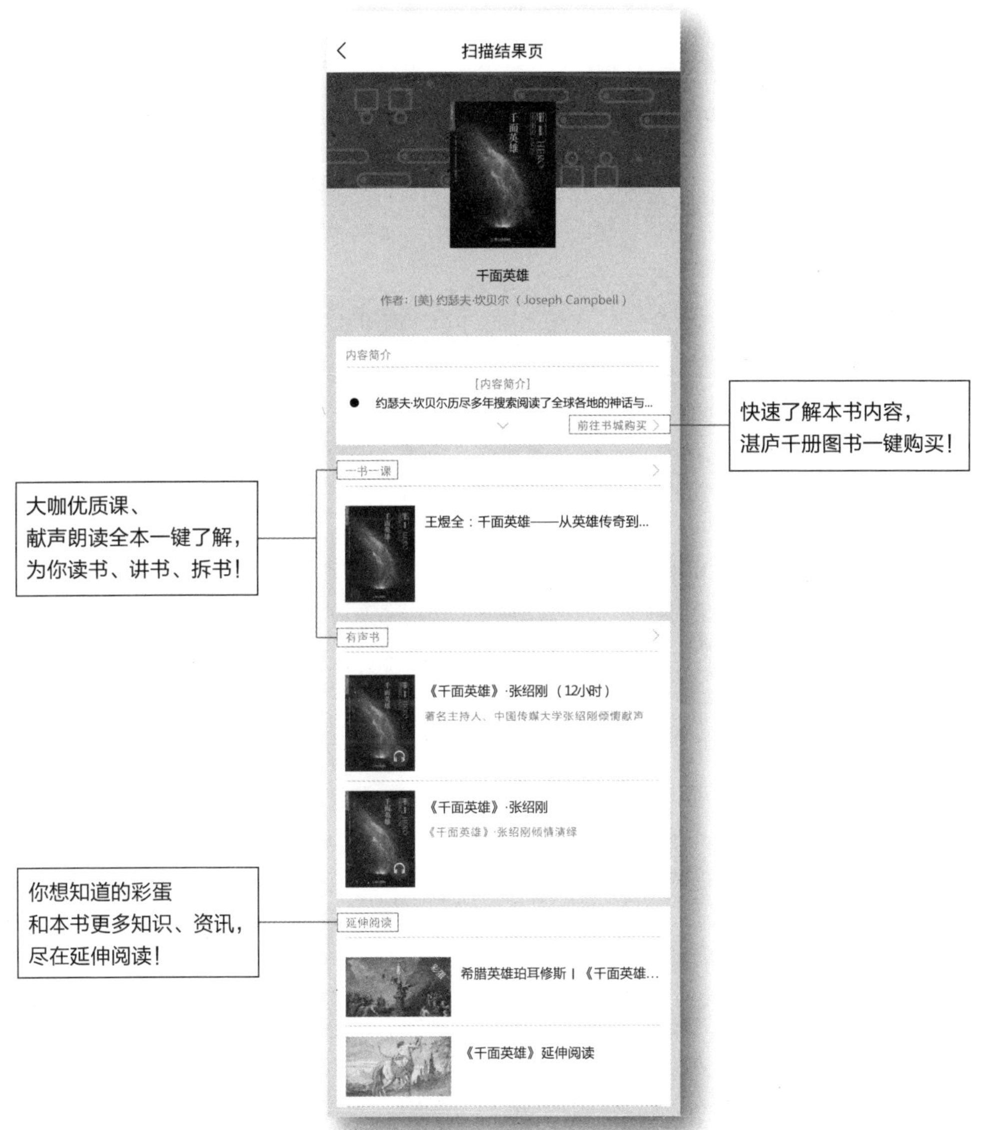

湛庐CHEERS

延伸阅读

《未来的学校》

◎《未来的学校》总结了泰德·丁特史密斯历时一年的教育探索，阐释了未来教育的发展趋势！

◎ 囊括全美 70 多个鲜活教育案例，展示未来学校的 PEAK 特质！

◎ 21 世纪教育研究院院长杨东平、呼家楼中心小学校长马骏、汇佳教育机构董事长王志泽、Aha 社会创新学院创始人顾远、中国儿童博物馆研究中心常务副主任张旎、蔚来教育创始人邢天骄、少年商学院创始人兼 CEO 张华联袂推荐！

《为孩子重塑教育》

◎ 同名纪录片 *Most Likely to Succeed* 风靡全球，席卷 4 000 多所学校及机构，为您讲述什么样的教育更有可能成功！

◎ 为孩子重塑学校，为未来重塑教育！

◎ 哈佛大学教育学博士托尼·瓦格纳与著名风险投资人泰德·丁特史密斯联袂巨献！

《终身幼儿园》

◎ 风靡全球的少儿编程语言 Scratch 缔造者，历代乐高机器人的主导开发者米切尔·雷克尼斯重磅力作！

◎ 独具创新的 4P 学习法，成就终身创造力！

◎ 2018 年美国出版协会学术卓越奖获奖图书！

《让孩子做 50 件危险的事儿》

◎ 颠覆家长的安全教育观：真正的安全教育，是让孩子去尝试危险的事儿！

◎ “东敲西打”学校创始人耗时 10 年，数千案例打磨，精选 50 件儿事，给孩子的靠谱的安全指南！

图书在版编目（CIP）数据

浙江省版权局
著作权合同登记章
图字：11-2018-457号

学习的升级 /（美）约翰·库奇，（美）贾森·汤，栗浩洋著；徐烨华译．— 杭州：浙江人民出版社，2019.5

书名原文：REWIRING EDUCATION

ISBN 978-7-213-09028-8

Ⅰ．①学…　Ⅱ．①约…　②徐…　Ⅲ．①教育政策—研究—美国—现代　Ⅳ．① G571.20

中国版本图书馆 CIP 数据核字（2018）第 264994 号

上架指导：教育创新

学习的升级

[美] 约翰·库奇　[美] 贾森·汤　栗浩洋　著
徐烨华　译

出版发行：浙江人民出版社（杭州体育场路 347 号　邮编　310006）
市场部电话：（0571）85061682　85176516
集团网址：浙江出版联合集团　http://www.zjcb.com
责任编辑：郦鸣枫
责任校对：戴文英
印　　刷：石家庄继文印刷有限公司
开　　本：720mm × 965mm 1/16　　印　　张：19
字　　数：225 千字　　插　　页：0
版　　次：2019 年 5 月第 1 版　　印　　次：2019 年 8 月第 3 次印刷
书　　号：ISBN 978-7-213-09028-8
定　　价：69.90 元

如发现印装质量问题，影响阅读，请与市场部联系调换。